히브리어의
시간

히브리어의 시간

2024년 7월 26일 초판 1쇄 발행
2024년 10월 18일 초판 4쇄 발행

지은이 송민원
펴낸이 박종현

(주) 복 있는 사람
주소 서울특별시 마포구 연남동 246-21 (성미산로23길26-6)
전화 02-723-7183 (편집), 7734 (영업·마케팅)
팩스 02-723-7184
이메일 hismessage@naver.com
등록 1998년 1월 19일 제1-2280호

ISBN 979-11-7083-082-5 03230

히브리어의
시간

송민원

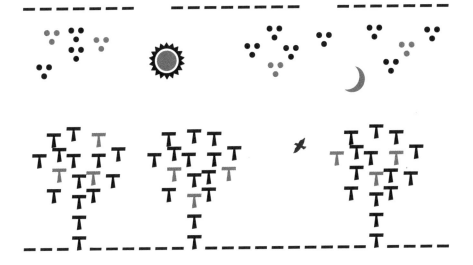

복 있는 사람

일러두기

— 이 책에 인용된 성경 구절은 '개역개정'을 따랐으며. 다른 번역본이나 저자의 사
역일 경우 별도로 표기했다.

— 각 장 단어 해설 마지막 별면에 단어를 따라 쓰거나 핵심 내용을 기록할 수 있는
공간을 제시했다.

들어가며

"넌 실력이 이렇게 비탈길처럼 늘 것 같지?
아니야, 실력은 비탈이 아니라 계단처럼 늘어."

드라마 「스물다섯 스물하나」의 대사입니다. 언어를 배우는
과정도 마찬가지입니다. 양적인 축적이 쌓여야 비로소 질적인
도약과 변화가 생겨난다는 양질전화量質轉化의 법칙이 여기에도
적용됩니다. 매일 조금씩 점진적으로 성장하기보다는 어느
단계에서 정체되어 한참을 헤매다 보면 어느새 훌쩍 성장해
있는 것을 깨닫게 되지요.

신학대학원에서 히브리어를 처음 배울 때는 무척
헤맸습니다. 익숙하지 않은 글자들, 자음과 모음을 표기하는
희한한 방식, 정교함과는 거리가 먼 엉성한 문법 등으로 인해

적어도 1년은 고생을 했습니다. 세상에 무슨 이런 이상한 언어가 있나 싶었습니다. 언어를 배우는 데 재능이 있다고 생각했던 자만심은 무참히 짓밟혔습니다. 그래도 포기하지 않고 구약 원전 수업 등을 수강하며 히브리어를 손에서 놓지 않으려고 애썼습니다. 그런 시간들이 점차 쌓여서 겨우 히브리어 글자를 읽고 발음하는 것에 어느 정도 익숙해지게 되었습니다.

제게 질적인 변화가 찾아온 것은 그 이후입니다. 2002년 늦가을의 어느 날로 기억합니다. 구약 원전 수업이 끝나고 모두 자리를 뜬 빈 강의실에 혼자 남아 있었습니다. 저의 책상 위에는 히브리어 성경이 펼쳐져 있었고, 저는 아무 생각 없이 창세기를 처음부터 읽기 시작했습니다. 창세기 앞부분이야 그동안 거의 외우다시피 공부했기 때문에 해석하는 데는 어려움이 없었습니다. 이 시간이 제게 특별한 이유는 이때가 처음으로 히브리어를 '읽은' 때였기 때문입니다. 자모음을 조합하며 떠듬거리며 발음하거나 '이 단어의 뜻은 뭐였지?' 기억을 더듬지 않은 채로 창세기 1장을 읽어 내려간 최초의 순간이었습니다.

히브리어 성경이 자신의 속살을 처음으로 저에게 보여준 순간이었습니다. 그때 만난 히브리어는 마치 날것의 언어 같았습니다. 그리스어나 독일어처럼 문법적으로 정교한 언어는 추상화 단계를 많이 거쳐서 한 단어와 그 단어가 지칭하는 실재 사이의 거리가 아주 멀게 느껴집니다. 반면에 히브리어는 각 단어와 그 단어가 지칭하는 실재 사이의 거리가 훨씬 가깝습니다. 그래서인지 훨씬 '원초적인' 언어라는 생각이 들었습니다. 그동안 갈피를 잡지 못하고 어렵게만 여기던 언어가 그 순간 어린아이의 말처럼, 자장가 삼아 옛이야기를 들려주시던 할머니의 목소리처럼 친근하게 다가왔습니다.

언어와 시간의 차이를 뛰어넘어 창세기 1장이 그대로 눈앞에 펼쳐졌습니다. 천지창조의 순간을 제 눈으로 목도하는 것 같았습니다. 어둡고 혼란한 공간에 바람만 세차게 부는 풍경이 보였습니다. 해와 달과 별들이 하나씩 나타나고 하늘에는 둥근 궁창[라키아(רָקִיעַ)]이 펼쳐졌습니다. 하늘을 올려다보는 고대 가나안 농부 앞에 펼쳐진 풍경이 그대로 제 눈에 보였습니다. '샤마임'(שָׁמַיִם)이라는 단어를 읽으면 수천 년 전 옛사람들이 보았던 하늘이 손에 잡힐 듯했고, '루아흐'(רוּחַ)라는 단어를 읽는 순간에는 농부의 땀을 말려 주던 바람이 저의 뺨에도 스치는 듯했습니다. '아다마'(אֲדָמָה)라는 단어를 발음하면 그 농부의 손으로 만지는 흙의 감촉이 생생히 느껴졌습니다.

한 시간인지 두 시간인지 모를 그 순간은 제 삶의 방향을 바꾸었습니다. 그 경험이 구약학과 고대근동학으로 저를 안내했고 지금까지 20여 년을 히브리어와 성경을 연구하고 가르치는 삶으로 이끌었습니다. 이 책 『히브리어의 시간』은 이러한 과정의 결실입니다.

히브리어 어휘에 담긴 고대 이스라엘의 독특한 생각들을

풀어내려는 이 글이 한 권의 책이 되기까지 많은 분들의 도움이 있었습니다. 이 책의 완성까지 처음부터 줄곧 격려해 주신 성경과설교연구원 우진성 원장님께 감사드립니다. 이력서 내지 않는 삶을 살겠다고 서원하고 한국에 들어온 저에게 가장 먼저 손을 내밀어 주신 분입니다. 저의 글 하나가 현장 목회자들에게 얼마나 큰 도움이 되는지 아냐며 격려와 응원을 아끼지 않은 김해 장유중앙교회의 이경로 목사님께 특별히 고마움을 표합니다. 또한 정신 바짝 차리고 글을 쓸 수 있던 것은 지속적으로 커피 원두를 공급해 준 진안 대평교회 이종욱 목사님 덕분입니다. 이 두 목사님을 친구로 둔 제가 복이 많습니다.

　'목회자들의 목회자' 유진 피터슨 목사님을 존경하고 그분을 롤모델로 생각하는 저에게 『메시지』성경을 출간한 복 있는 사람에서 『히브리어의 시간』이 출간된다는 사실은 더할 수 없는 영광입니다. 이 책의 출간을 제안하고 초고를 완성하기까지 끊임없이 권면해 주신 박종현 대표님께 감사드립니다. 독자들에게 좋은 책을 선물해 주고 싶다는 마음으로 제 글의 모든 부분을 섬세하게 손봐 주신 김세라 편집자님께 특별한 감사를 전합니다. 더 많은 분들에게 읽힐 수 있는 글이 된 것은 모두 김 편집자님의 공로입니다. 끝으로, 저와 모든 숨과 모든 쉼을 함께하는 "나의 사랑, 나의 신부, 나의 어여쁜 자" 박에스더에게 마음 가장 깊은 곳의 고마움을 전합니다.

『히브리어의 시간』은 히브리어를 통해 성경의 깊은 맛을 음미하는 시간이면서, 동시에 히브리어가 쓰이던 고대의 시간을 뜻합니다. 이 책은 히브리어를 비롯한 셈족어를 익히고 가르쳐 온 저의 지난 20여 년간의 시간을 담고 있기도 합니다.

이 책에 등장하는 스물네 개의 단어는 하루를 구성하는 24시간을 의미합니다. 책의 포문을 여는 첫 번째 장은 여명이 밝아오는 시간입니다. 하루의 첫 시간이면서 하루를 지탱하는 시간입니다. 이 시간은 흑암에서 빛을 창조하시며 우리에게 매일의 시간을 허락해 주시는 하나님의 시간입니다.

하나님께서 손수 열어 주신 시간 위에 살아가는 인간의 시간이 그다음입니다. 인류 최초의 조상 아담의 이야기로 시작되는 두 번째 장은 늦은 오전부터 오후까지를 포함합니다. 마지막 장에서는 히브리적 사고가 잘 드러나는 표현들을 다룹니다. 잔잔하게 지면을 물들이는 노을처럼, 어두운 밤을 은은하게 비추는 달빛처럼 히브리인의 생각을 구성하는 바탕을 들여다보고자 합니다.

현대 독자들을 히브리어 속에 담긴 고대 이스라엘 사람들의 사고방식과 문화의 세계로 안내해 주고 싶은 마음입니다. 제가 사랑에 빠진 그 세계로 말입니다. 이 책을 통해, 저를 사로잡은 그 멋진 세계를 부디 독자 여러분도 만나실 수 있기를 바랍니다.

2024년 7월
송민원

3 언어 표현에 나타난 히브리적 사고

히브리어는 어떤 언어인가

셈족어에 속한 구약성경의 언어

히브리어는 구약성경의 언어입니다. 아람어로 쓰인 에스라서
4:8-6:18, 7:12-26와 다니엘서 2:4-7:28의 일부를 제외한 구약성경
전체가 히브리어로 쓰였기 때문이지요. 히브리어는 크게는
아프리카·아시아 어족에 속해 있고, 좁게는 '셈족어' 혹은
'셈어파' Semitic languages 라고 불리는 어군에 속해 있습니다.
'셈족어'라는 이름은 노아의 세 아들 중 하나인 셈에게서
유래한 것으로, 여기에는 바빌로니아와 아시리아 제국의
언어인 아카드어, 성경의 블레셋 사람들이 사용하던 고대
페니키아어와 예수님이 사용하셨던 아람어, 그리고 대다수의
중동 지역 사람들이 쓰고 있는 아랍어 등이 속해 있습니다.

12

이와 같은 언어들은 동일한 어족에 속한 언어로서 서로 많은 유사점을 가지고 있습니다.

섬족어가 공유하는 특성 중에서도 가장 두드러지는 특징은 '어근'을 기반으로 한다는 점입니다. 이는 히브리어를 이해할 때 가장 중요한 개념이기도 합니다. 어근은 대부분의 경우 세 개의 자음으로 구성되며 '의미'를 이루는 뿌리가 됩니다. 예를 들어, '멤(מ)-라메드(ל)-카프(כ)'와 같이 세 개의 자음이 모이면 '왕'(king)을 뜻하는 기본 의미가 형성됩니다. 영어로 음역하면 'm-l-k'인데, 이 세 자음이 이 순서대로 놓이는 단어들은 모두 '왕'이라는 기본 뜻에서 파생된 의미를 지니게 됩니다. '멜레크'(מֶלֶךְ)는 '왕', '통치자'를 뜻하고, '말라크'(מָלַךְ)는 동사로 쓰여 '왕이 되다', '(왕으로서) 다스리다' 라는 의미를 지닙니다. '맘라카'(מַמְלָכָה)는 '왕국'을 의미하고, '멜루카'(מְלוּכָה)는 '왕권'이나 '왕위'를 나타냅니다.

자음의 순서가 바뀌면 전혀 다른 어근이 됩니다. '카프-라메드-멤'(כלם)은 '부끄럽다', '모욕을 당하다'라는 뜻이고, '라메드-멤-카프'(למך)는 성경에서 '라멕'이라는 사람의 이름에만 쓰이는 어근이라 정확한 의미를 알기 어렵습니다. '라메드-카프-멤'(לכם)이나 '멤-카프-라메드'(מכל) 같은 어근은 히브리어에서 쓰이지 않습니다.

'멤-라메드-카프'와 같이 어근의 세 자음을 모두 발음하면 너무 길어지기 때문에, 보통은 '아' 모음을 중간에 삽입하여 '말라크'와 같이 발음합니다. '카프-타브-베이트'

(כתב)는 보통 '카타브'라고 줄여서 말합니다. 히브리어로
'카타브'(כָּתַב)는 '쓰다'라는 의미의 동사이고, 아랍어로
'키타브'(كتاب)는 '책'을 나타내는 명사입니다. 접두어가 붙은
형태인 '미크타브'(מִכְתָּב)는 히브리어와 아람어에서 '문서',
'서류', 혹은 왕이 내리는 '조서'를 가리키는 말로 쓰입니다.
셈족어는 이처럼 세 개의 자음으로 구성된 어근에 명사나
형용사, 동사를 만드는 특정한 패턴으로 하나의 단어가
이루어지기 때문에 모음을 표기하지 않고 자음만
표기하더라도 어느 정도 의사소통이 가능한 언어입니다.

　　히브리어는 고대 이스라엘 바로 옆에 있던 모압, 암몬,
에돔에서 사용하던 언어와 거의 차이가 없고, 골리앗이 쓰던
페니키아어와는 형제자매 언어라고 할 수 있습니다. 각자의
언어로 서로 이야기해도 어느 정도 의사소통이 가능했습니다.
아람어와의 관계는 사촌지간 정도로 볼 수 있겠습니다. 문법과
어휘 면에서 유사성이 높지만 또한 차이도 있어서, 서로의
말과 글을 완벽하게 이해할 수 있는 것은 아니었습니다.
열왕기하 18:26에는 아시리아의 사절단 랍사게가 히브리어로
위협을 가하자 유다 백성들이 알아듣지 못하도록 아람어로
말해 달라는 일화가 기록되어 있기도 합니다.

　　이렇듯 히브리어는 고대 가나안 지역의 민족들의 언어와
거의 차이가 없는 가나안어 중 하나이고, 보다 넓게는
문법구조와 어휘의 유사성을 공유하고 있는 셈족어 중의
하나입니다.

살아 있는 언어

고대 이스라엘에서 쓰인 히브리어는 고정된 죽은 언어死語가
아니라 살아 있는 언어였습니다. 이는 곧 히브리어가 사람들이
활발히 사용하면서 그 효용에 맞게 시대에 따라 변화를
거듭하는 언어임을 의미합니다. 그렇다 보니 사투리처럼 지역
간에 언어적인 차이가 발생하기도 했습니다.

사사기 12장에는 "쉽볼렛"을 발음해 보라고 했을 때
"십볼렛"이라고 발음하는 사람들을 에브라임 지파 사람으로
구분하는 장면이 나옵니다. 에브라임 지파 사람들은 "쉬"(ʃ)
발음을 잘하지 못했던 모양입니다. 이스라엘의 열두 지파뿐
아니라 북이스라엘과 남유다 사이에도 어휘와 발음에서
차이가 있었습니다. 성경 시대의 히브리어는 이렇게 사용하는
사람들의 지방색이 드러나는 언어였습니다.

성경 안에서도 초기 히브리어, 중기 히브리어, 후기
히브리어로 나눌 수 있을 정도로 문법과 어휘 등에서 변화의
양상을 보입니다. 시간이 흐르면서 언어가 변화하는
자연스러운 현상입니다. 특히 페르시아가 고대근동 전역을
지배하던 시대에는 페르시아 제국의 국제공용어인 아람어의
영향을 많이 받았습니다. 전통적으로 쓰던 히브리어 단어 대신
아람어 단어를 쓰고, 문법 구조도 아람어처럼 변화합니다.
이렇듯 히브리어는 성경을 기록하기 위해 특별히 고안된
언어가 아니라 당시 이스라엘 사람들이 매일매일 일상적으로

15

쓰던 언어였고, 시간의 흐름에 따라 자연스럽게 변하는 살아
있는 언어였습니다.

성경 히브리어와 현대 히브리어의 차이

이스라엘에서는 지금도 히브리어를 사용하는데, 이를 현대
히브리어라고 합니다. 현대 히브리어는 일종의 인공언어로,
시오니즘 운동가 엘리에제르 벤 예후다Eliezer Ben Yehuda가
19세기 말 앞으로 건설되는 이스라엘 국가에서는 히브리어로
말하고 쓸 것을 주장하면서 만든 언어입니다.

성경 히브리어는 B.C. 6세기 바빌론 포로 시기와
페르시아 제국의 등장을 거치며 일상언어로서의 지위를 점차
잃어 갔습니다. 대신 페르시아 제국의 국제 공용어인 아람어가
그 자리를 대체하게 됩니다. 히브리어는 아람어와 혼합된 랍비
히브리어, 유럽언어와 혼합된 이디시어 등을 통해
희미하게나마 명맥을 유지해 왔습니다. 예후다는 성경
히브리어와 랍비 히브리어, 이디시어로부터 현대 히브리어를
만들었습니다. 성경 히브리어의 어휘와 문법을 최대한
활용했기 때문에 현대 히브리어는 성경 시대의 히브리어와
유사한 형태를 어느 정도 갖추게 되었습니다. 하지만 고대에는
존재하지 않았던 수많은 현대 문물을 표현하는 어휘들이나,
현대 유럽어의 시제 개념처럼 성경 히브리어에는 없는 문법적

개념들로 현대 히브리어의 틀을 만들었기 때문에 두 언어
사이의 차이점 역시 크다는 것도 사실입니다.

이 책에서 다루는 히브리어는 성경 히브리어입니다.
성경에 쓰인 언어이며 성경 시대에 살던 사람들이 매일
사용하던 언어입니다. 하나님이 히브리어로 말씀하시는
이유는 간단합니다. 이 언어로 말씀하셔야 그 당시 사람들이
가장 잘 이해할 수 있었기 때문입니다. 그래서 성경을 통해
하나님이 우리에게 무슨 말씀을 하시는지 제대로 이해하려면
히브리어를 알아야 합니다. 그리고 성경의 첫 번째 독자인
고대 이스라엘 사람들의 사고방식과 문화를 알아야 합니다.
이 책은 소위 '히브리적 사고'라고 불리는 그들의 독특한
언어문화 속에 담긴 하나님 이해와 인간 이해로 여러분을
안내할 것입니다.

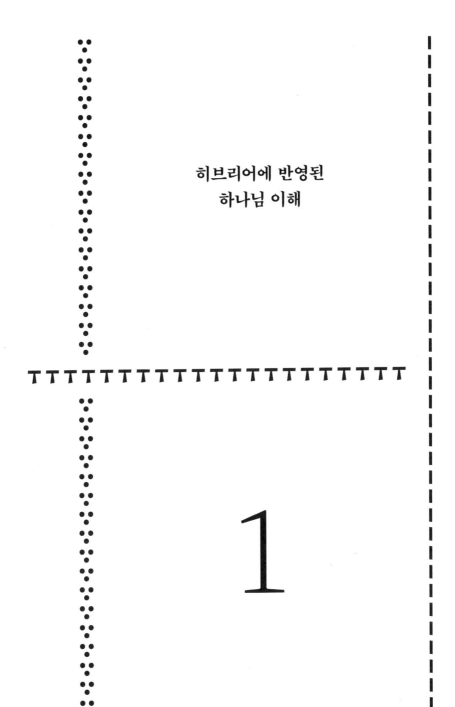

히브리어에 반영된
하나님 이해

1

쉐베트 שֵׁבֶט 와 미쉬에넷 מִשְׁעֶנֶת

공의의 하나님과
사랑의 하나님

가장 많이 사랑받아 온 시편들을 꼽아 보자면 단연 시편 23편이 목록의 상위 자리를 차지할 것입니다. 많은 신앙인들이 "여호와는 나의 목자시니 내게 부족함이 없으리로다",1절 "내가 사망의 음침한 골짜기로 다닐지라도 해를 두려워하지 않을 것은 주께서 나와 함께하심이라"4절 와 같은 구절을 붙잡고 하루를 살아갑니다. "의의 길"3절 과 "쉴 만한 물가"2절 로 인도하시는 그분의 "지팡이와 막대기"4절 를 오늘도 의지합니다.

히브리어의 시간 첫 시간에 다룰 단어는 "지팡이와 막대기"로 번역된 '쉐베트'(שֵׁבֶט)와 '미쉬에넷'(מִשְׁעֶנֶת)입니다. 우리말에서 지팡이와 막대기는 별다른 차이가 없는 단어 같아 보이지만, 히브리어에서는 사뭇 의미 차이가 있습니다.

21

쉐베트(שֵׁבֶט)와 미쉬에넷(מִשְׁעֶנֶת), 하나님의 두 속성

우리에게 익숙한 개역개정은 4절 하반부를 "주의 지팡이와
막대기가 나를 안위하시나이다"로 번역하고 있습니다. 반면에
새번역과 공동번역은 "막대기와 지팡이"로 순서를 뒤바꿔
놓습니다.

주님의 막대기와 지팡이로 나를 보살펴 주시니(새번역).
막대기와 지팡이로 인도하시니(공동번역).

개역개정이 "지팡이"로 번역한 쉐베트는 양치기용 '막대기'를
가리키는 말입니다. 양 떼를 몰 때 사용하는 물건이지요.
목자의 막대기는 먹을 것이 있는 곳으로 양을 인도하거나 양이
위험한 곳을 가지 못하게 막는 용도로 쓰입니다. 레위기 27:32
의 "목자의 지팡이 아래로 통과하는 것", 미가 7:14의 "주의
지팡이로……양 떼를 먹이시되" 등에서 사용된 단어가 바로
쉐베트입니다.

　양 떼를 이끄는 데 사용하는 목자의 막대기는 왕과 같은
지도자의 상징으로 그 의미가 확장됩니다. 창 49:10, 삿 5:14, 사 14:5,
겔 19:11, 암 1:5, 8 한편 쉐베트는 누군가를 때리고 공격하는 용도로
사용되기도 합니다. 출 21:20, 사 28:27, 미 4:14 사무엘하 18:14에서
요압이 압살롬을 공격한 무기도 쉐베트였습니다. 양들을 바른
길로 인도하는 본래의 목적에 따라 "매"나 "회초리"로

번역되기도 합니다.

> 나는 그에게 아버지가 되고 그는 내게 아들이 되리니 그가
> 만일 죄를 범하면 내가 사람의 **매**(쉐베트)와 인생의 채찍으로
> 징계하려니와(삼하 7:14).

> 내가 **회초리**(쉐베트)로 그들의 죄를 다스리며 채찍으로
> 그들의 죄악을 벌하리로다(시 89:32).

반면 미쉬에넷은 환자나 노인 등 거동이 불편한 사람들이 짚는
지팡이를 뜻합니다. '짚는' 데 사용한다는 점에서 '지팡이'가
내포하는 협의의 의미에 해당하는 말로 볼 수 있겠습니다.

> 사람이 서로 싸우다가 하나가 돌이나 주먹으로 그의
> 상대방을 쳤으나 그가 죽지 않고 자리에 누웠다가 **지팡이**
> (미쉬에넷)를 짚고 일어나 걸으면 그를 친 자가 형벌은 면하되
> (출 21:18-19).

> 만군의 여호와가 이같이 말하노라. 예루살렘 길거리에 늙은
> 남자들과 늙은 여자들이 다시 앉을 것이라. 다 나이가
> 많으므로 저마다 손에 **지팡이**(미쉬에넷)를 잡을 것이요
> (슥 8:4).

인용된 성경구절에서 보듯이, 미쉬에넷은 상해를 입어
몸져누운 환자가 짚고 일어나거나 노인들이 걸을 때 사용하는
지팡이를 가리킵니다. 힘들 때 몸을 지탱하거나 의지하는
용도로 사용되는 바로 그 물건이지요.

종합해 보면, 쉐베트는 양치기들이 사용하는 막대기이고,
미쉬에넷은 짚고 일어나 걷는 지팡이이기 때문에 굳이 순서를
따지자면 "막대기와 지팡이"로 옮긴 새번역과 공동번역의
해석이 조금 더 적절하다고 할 수 있겠습니다. 그러나 정말
중요한 것은 두 단어의 순서가 아니라 쉐베트와 미쉬에넷이
무엇을 나타내는가 하는 점입니다.

쉐베트는 우리를 "의의 길로 인도하시는" 하나님을
상징합니다. "사망의 음침한 골짜기"로 떨어지지 않도록
때로는 우리를 꾸짖고 징계하시는 하나님의 공의를
나타냅니다. 반면에 미쉬에넷은 우리가 걸을 힘도, 일어설
힘도 없을 때 우리를 "푸른 풀밭에 누이시며 쉴 만한 물가로
인도하시는"시 23:2 사랑의 하나님을 상징하는 말입니다.

나함(נחם), '안위'의 의미

시편 23:4의 의미를 한층 더 깊이 이해하기 위해서는 이
구절의 서술어 '예나하무니'(יְנַחֲמֻנִי)의 의미를 알아야 합니다.

우리말 번역 성경은 이 단어를 '안위하다', '보살피다', '인도하다' 등으로 번역합니다.

> 주의 지팡이와 막대기가 나를 **안위하시나이다**(개역개정).
>
> 주님의 막대기와 지팡이로 나를 **보살펴 주시니**(새번역).
>
> 막대기와 지팡이로 **인도하시니**(공동번역).

이 세 단어는 비슷한 듯 보이지만 의미가 전혀 다릅니다. 요즘은 별로 쓰지 않는 '안위安慰하다'라는 단어는 '몸을 편안하게 하고 마음을 위로하다'라는 뜻입니다. 세 가지 번역본이 한 단어를 각기 다른 단어로 번역하고 있습니다. 그렇다면 이 단어를 어떻게 이해해야 할까요? 주님께서는 막대기와 지팡이로 우리의 마음을 위로하시는 것일까요? 아니면 새번역에서처럼 우리를 돌보시고 보살펴 주시는 것일까요? 혹은 공동번역에서와 같이 우리를 어떤 특정한 길로 인도하시는 것일까요?

예나하무니의 어근 '나함'(נחם)은 아주 흥미로운 단어입니다. "회개", "후회", "한탄" 등으로 번역되는 동시에 "위로"로 번역되기도 합니다. 이 땅에 인간을 창조하신 것을 후회하시는 하나님의 심정을 나타낼 때 사용되었으며,창 6:6-7 동시에 힘들고 괴로운 상황에서 주어지는 위로를 일컬을 때도 동일한 단어가 사용되었습니다. 창 5:29, 24:67, 37:35, 38:12

우리의 언어문화에서 '회개'와 '위로'는 전혀 다른 범주에

25

속해 있습니다. 두 개념은 의미적인 연결성이 희미해
보입니다. 그런데 히브리 언어문화에서는 나함이 '회개'를
뜻하기도 하고 '위로'를 뜻하기도 합니다. 과연 어떤 맥락에서
한 단어가 두 가지의 전혀 다른 개념을 의미하게 되었을까요?

그 해답은 이 단어의 기본적인 뜻이 '(마음이나 생각, 뜻이)
바뀌다', 변화하다'라는 점에서 찾아볼 수 있습니다. 마음이
좋은 상태에서 안 좋은 상태로 바뀌면 회개나 후회를 하게
되고, 안 좋은 상태에서 좋은 상태로 변하면 위로가 되는
것입니다.

출애굽기 32:12은 이 단어의 기본적인 뜻이 그대로
반영된 대표적인 예입니다. 지도자 모세가 잠시 자리를 비운
사이 이스라엘 백성들은 금송아지를 만들어 그 앞에 제사를
드리고 축제를 벌입니다. 그것을 보시고 매우 분노한 하나님은
이스라엘 백성들을 모두 죽이고 모세를 중심으로 한 새로운
민족을 이루고자 하셨습니다.^{출 32:10} 이에 모세는 다음의 말로
하나님을 설득하고 그분의 마음을 바꿉니다.

> 주님, 이 백성은 주님께서 엄청난 능력과 강한 손으로
> 이집트 땅에서 직접 구해 내신 당신의 백성입니다. 어찌
> 당신의 백성에게 그렇게 화를 내실 수 있습니까? 만약
> 그렇게 하시면 분명 이집트 사람들이 이렇게 말할 것입니다.
> "저들의 하나님은 저들을 산에서 다 죽이고
> 이 세상에서 끝장내 버리려 그들을 데려가셨구나."

하나님, 부디 당신의 노여움을 돌이키셔서서 당신의 백성에게
재앙을 내리시려는 **마음을 바꾸어 주십시오**(출 32:11-12, 저자
사역).

이때, 마음을 바꾸어 달라는 의미로 쓰인 단어가 바로
나함입니다. 시편 23:4의 마지막 단어 예나하무니는 직역하면,
'그것들(주님의 막대기와 지팡이)이 나를 바꾼다'가 됩니다.
바꾼다는 말은 개역개정의 번역처럼 우리의 불안하고 떨리는
마음을 "안위"(편안하게 위로)하는 것을 포함합니다. 또한
새번역처럼 각종 위험이 도사리는 환경 속에서 우리를 지키고
돌보아 주는 것을 뜻하기도 하고, 공동번역처럼 잘못된 길과
위험한 길을 갈 때 하나님께서 원하시는 안전하고 올바른 길로
인도하는 것을 의미하기도 합니다. 그럼, 시편 23:4을
히브리어의 의미를 살려 다시 읽어 보겠습니다.

내가 죽음의 그림자가 드리운
천 길 낭떠러지 같은 길을 갈 때
하나님의 공의의 막대기(쉐베트)로
나의 뜻과 생각과 행동의 방향을 바꾸어
나를 하나님의 뜻에 맞는 올바른 길로 인도하실 것입니다.
또한, 한 발만 헛디디면 저 아래로 떨어질 것만 같은
두려움과 걱정에 휩싸여 있을 때
하나님의 사랑의 지팡이(미쉬에넷)로 내 마음을 다독여

다시 일어설 힘을 주실 것입니다.

당신께서 나와 함께 계시며

당신의 막대기와 지팡이로 나를 바꾸시고

변화시키실 것이기에

나는 아무것도 두렵지 않습니다(저자 사역).

שֵׁ בֶ ט 쉐베트

מִשְׁעֶנֶת 미쉬에넷

이르에 랄레바브 יִרְאֶה לַלֵּבָב

사람은 외모를 보거니와 나 여호와는 중심을 보느니라
(삼상 16:7).

이 구절은 사무엘이 이새의 여러 아들 중에 이스라엘의 왕을
선택하는 장면을 그린 유명한 구절입니다. 앞선 구절은
개역개정의 번역인데, 대부분의 영어 성경이나 한글 성경의
번역도 여기에서 크게 다르지는 않습니다. 그리고 이 번역은
바로 앞에 나오는 "그(엘리압)의 용모와 키를 보지 말라. 내가
이미 그를 버렸노라"삼상 16:7는 문장과도 잘 어울립니다.
그래서 이 구절은 겉모습의 화려함보다 마음가짐과 태도가
중요하다는 의미로 읽히곤 합니다. 이 시간에는 외적인 잣대로
사람을 판단하는 인간의 한계와 그것을 뛰어넘어 사람의

30

핵심을 꿰뚫어 보시는 하나님의 성품을 대조할 때 주로
인용되는 이 구절을 깊이 들여다보고자 합니다.

잘생기고 키가 큰 엘리압을 본 사무엘은 '바로 이
사람이구나!' 생각합니다.^{삼상 16:6} 그러나 '외모가 아닌 중심을
보시는' 하나님이 이스라엘의 왕으로 선택한 자는 엘리압이
아니라 다윗이었습니다. 그래서 다윗은 아마 그리 잘생긴
외모의 소유자는 아닐 것이라고 짐작하게 됩니다. 그런데 막상
다윗의 외모를 묘사하는 장면에 이르면 이야기가 조금
달라집니다.

> 그의 빛이 붉고 눈이 빼어나고 얼굴이 아름답더라
>
> (삼상 16 : 12).

여기서 "빛이 붉고"로 번역된 히브리어 원어는 '아드모니'
(אַדְמֹנִי)라는 단어인데, '아담'(אָדָם)을 어원으로 하는 붉은색 혹은
적갈색을 뜻합니다. 성경에서는 다윗을 묘사할 때^{삼상 16:12, 17:42}
와 갓 태어난 에서를 묘사할 때 쓰였습니다.^{창 25:25} 갓난아이가
범상치 않은 기운을 풍긴다는 해석이 불가능하지는 않겠지만,
그보다는 피부 색깔이 적갈색을 띠고 있다는 뜻으로 이해하는
것이 보다 가능성이 높은 해석입니다.
  "눈이 빼어나고"라는 말은 원어를 직역하면 '예쁜 두 눈을
가진'with beautiful eyes으로 번역할 수 있겠습니다. 이 말 역시

다윗의 눈 생김새를 뜻하는 말로, 결코 사물을 꿰뚫어 보는
어떤 예지적 능력이나 눈썰미를 말하는 게 아닙니다.
공동번역과 우리말성경은 개역개정보다 한발 더 나아가
"눈이 반짝"인다고 번역하는데, 이는 '예쁘다'는 원문의 의미를
과장한 번역입니다.

　　또한 "얼굴이 아름답더라"는 개역개정의 번역과는 달리
원어 성경에는 '얼굴'이라는 단어가 등장하지 않습니다.
히브리어 '로이'(ראי)는 '보다' to see 라는 뜻을 가진 '라아' (ראה)
에서 파생된 명사로 눈에 보이는 것, 즉 전체적인 외모와
겉모습 appearance 을 뜻하는 말입니다. "아름답더라"로 번역된
단어 역시 '좋다'는 의미의 히브리어 '토브'(טוב)로, 하나님께서
"보시기에 좋았더라" 하셨던 창세기 1장에서의 단어와 똑같은
단어입니다. 즉, 이 문장은 다윗의 외모가 출중했다는 의미로,
다윗이 '잘생긴' good-looking 사람이었음을 나타내는 표현입니다.

　　뒤이어 나오는 18절에서는 한 젊은이가 다윗이 얼마나
뛰어난 인물이었는가를 다음과 같이 설명합니다.

> 내가 베들레헴 사람 이새의 아들을 본즉 수금을 탈 줄 알고
> 용기와 무용과 구변이 있는 **준수한 자**(직역: 잘생긴 남자)라
> (삼상 16:18).

다윗은 악기도 잘 다룰 줄 알고 용감하며 싸움에도 능하고
말도 잘하는데, 거기다 잘생기기까지 한 사람[이쉬 토아르(איש

ְרֹאִי)]이었습니다. 성경 원문은 이처럼 다윗을 능력과 외모 등 모든 면에서 출중한 사람으로 묘사합니다.

사무엘상 16:7에 대한 문법적 이해

다소 오해의 여지가 있는 사무엘상 16:12의 번역은 7절로 거슬러 올라가면 그 이유를 찾을 수 있습니다. 7절 뒷부분의 히브리어는 다음과 같습니다.

הָאָדָם יִרְאֶה לַעֵינַיִם (하아담 이르에 라에이나임)

וַיהוָה יִרְאֶה לַלֵּבָב (바아도나이 이르에 랄레바브)

이 문장을 분석해 보면 두 문장은 완전히 동일한 구조로, 평행법parallelism으로 구성된 문장임을 알 수 있습니다.

사람(하아담) + 보다(이르에) + 전치사(라메드) + 두 눈(에이나임)

주님(아도나이) + 보다(이르에) + 전치사(라메드) + 심장(레바브)

개역개정에서 사람이 본다는 '외모'에 해당하는 히브리어 단어는 사실 '두 눈'[에이나임(עֵינַיִם)]입니다. 그리고 하나님이 보신다는 '중심'에 해당하는 단어는 '심장'[레바브(לֵבָב)] 입니다. 레바브는 '심장'이라는 기본적인 뜻에서 '마음',

그리고 '중심'이라는 추상적인 의미로 확장되는 단어입니다.
그래서 이 단어를 "중심"으로 번역하는 것은 그 자체로는
충분히 가능한 번역입니다.

　이 문장을 이해하는 핵심은, '보다'라는 의미의 동사
'이르에'(יָרָאָה)와 전치사 '라메드'(ל)가 어떻게 연결되는지를
파악하는 것입니다. 만약 아래 문장에 초점을 맞춰 "주님은
중심을 보신다"라고 해석한다면, 문법적으로는 전치사가
동사의 목적어를 이끈다고 이해할 수 있습니다. 아래 문장과
평행을 이루는 위의 문장에 이 해석을 그대로 적용하면
'사람은 두 눈을 본다'는 뜻이 됩니다. 그런데 "사람이 두 눈을
본다"는 문장을 맞는 문장이라고 할 수 있을까요?

　'사람이 두 눈을 본다'는 해석보다는 '사람이 두 눈으로
본다'는 해석이 더 적절해 보입니다. 즉, 전치사 라메드는
'보다'를 의미하는 히브리어 동사 이르에의 목적어를 이끄는
역할을 하는 것이 아닙니다. 그보다는 라메드를 이르에의
'수단'을 이끄는 전치사로 해석하는 것이 더 자연스럽습니다.
히브리어 문법에 따르면, 7절의 두 문장은 평행을 이루고
있으므로 나머지 문장에서 역시 전치사 라메드는 '수단'을
이끄는 전치사로 해석되어야 합니다. 이러한 문법적 분석에
따른 원문의 번역은 다음과 같습니다.

　사람은 눈으로 보지만 주님은 심장으로 보신다(저자 사역).

이와 같은 새로운 해석을 통해 이 구절에 나오는 심장은 하나님께서 보시는 사람들의 마음을 지칭하는 것이 아님을 알 수 있습니다. 하나님의 심장은 하나님 자신의 인지기관, 감각기관에 해당합니다. 전도서 1:16에서도 '심장이 본다'는 표현을 사용해 심장이 곧 하나님의 인지기관임을 나타냅니다.

전도서의 구절을 포함해 이 표현이 쓰인 구절이 몇 안 되기 때문에 눈으로 보는 것과 심장으로 보는 것이 어떻게 다른지를 정확히 알 수는 없습니다. 하지만 분명한 것은 하나님과 인간의 보는 '방식'이 다르다는 것입니다. 따라서 이 구절의 핵심은 외모를 볼 것인가, 마음을 볼 것인가 하는 문제에 관한 것이 전혀 아닙니다. 바로 앞 장의 구절 "내가 보는 것은 사람과 같지 아니하니"삼상 12:7와 동일한 의미를 다른 표현으로 나타낸 것입니다.

"외모로 사람을 보지 말라"는 명령의 의미

사무엘상 16:7의 해석이 특별히 문제가 되는 것은, 로마서 2:11의 "외모로 사람을 취하지 아니하심이라"는 구절과 연결되기 때문입니다. 갈라디아서 2:6와 골로새서,3:25 야고보서 2:1에도 동일한 표현이 나옵니다. 그래서인지 이 신약의 구절들은 자주 사무엘상 16:7과 함께 언급되곤 합니다. 한글로 번역된 성경만 보아서는 '외모를 보시지 않고 중심을 보시는 하나님'과

'외모로 사람을 취하지 아니하시는 하나님'은 동일한 의미를 가진 표현으로 보입니다. 하지만 원어 성경에서의 표현과 의미는 전혀 다릅니다.

'외모로 사람을 취하지 않는다'는 신약의 구절은 신명기 1:17, 10:17, 16:19에 나오는 표현을 인용한 것입니다. 히브리어 표현으로는 '(상대방의) 얼굴을 알아보다'라는 뜻의 '힉키르 파님'(הִכִּיר פָּנִים)이나 '(상대방의) 얼굴을 들다'라는 의미의 '나싸 파님'(נָשָׂא פָּנִים)이라는 숙어입니다. 이 말은 '편애'favoritism의 의미를 나타내는 말입니다. 반대로 '(타인의 얼굴을) 알아보지 않는다' 혹은 '(타인의 얼굴을) 들지 않는다'는 말은 공평과 공명정대를 의미합니다. 이 숙어가 등장하는 구절들의 문맥을 함께 살펴보면 의미를 보다 쉽게 알 수 있습니다.

> 너희는 재판할 때에 **외모를 보지 말고**(얼굴을 알아보지 말고) 귀천을 차별 없이 듣고(신 1:17).

> 너희의 하나님 여호와는……**사람을 외모로 보지 아니하시며** (얼굴을 들지 말고) 뇌물을 받지 아니하시고(신 10:17).

> 너는 재판을 굽게 하지 말며 **사람을 외모로 보지 말며**(얼굴을 알아보지 말고) 또 뇌물을 받지 말라(신 16:19).

귀하고 천함, 높고 낮음 등을 차별하지 않고 뇌물을 받아

누군가에게 유리한 재판을 하지 않는 것이 바로 '얼굴을 알아보지 않는다'는 말의 의미입니다. 앞에서 언급한 신약의 구절들 역시 차별을 거부하고 공정함을 말하는 문맥에서 이 표현을 인용합니다. 바울은 오직 하나님의 뜻대로 의를 행할 것을 당부하며 유대인과 헬라인의 차별을 거부하고 파당을 지어 할례자와 무할례자를 나누지 말라는 의미에서 "하나님께서는 외모로 사람을 취하지 아니하심이라"롬 2:11는 구절을 사용합니다. 갈라디아서에서도 같은 표현으로 '힘 있는 자'와 '가난한 자' 사이의 차별을 두지 않으시는 하나님에 대해 설명하고 있습니다. 골로새서에서도 유대인과 헬라인, 할례파와 무할례파, 자유인과 종 사이의 차별을 두지 않고 오직 하나님의 뜻에 따라 살아가는지 그 한 가지 기준으로 판단하시는 하나님을 설명하면서 이 구절을 사용합니다.

오직 당을 지어 진리를 따르지 아니하고 불의를 따르는 자에게는 진노와 분노로 하시리라.……이는 **하나님께서 외모로 사람을 취하지 아니하심이라**(롬 2:8, 11).

유력하다는 이들 중에 (본래 어떤 이들이든지 내게 상관이 없으며 **하나님은 사람을 외모로 취하지 아니하시나니**) 저 유력한 이들은 내게 의무를 더하여 준 것이 없고(갈 2:6).

불의를 행하는 자는 불의의 보응을 받으리니 **주는 사람을**

외모로 취하심이 없느니라(골 3:25).

이 표현에 대한 해석이 보다 정교해지면서 번역이 바뀌는
경우도 생겨났습니다. 개역한글에서 "사람을 외모로 취하지
말라"로 번역했던 야고보서 2:1을 개역개정에서는 "사람을
차별하여 대하지 말라"로 바꾸어 번역했습니다. 이어지는
구절에서는 부자와 가난한 자를 차별하여 대하지 말고 오직
하나님의 뜻을 따르는 행함인지가 판단 기준이 되어야 한다는
내용이 잇따릅니다.

하나님이 보시는 것과 우리가 보는 것

다시 사무엘상의 본문으로 돌아가 보겠습니다. 하나님은
다윗의 겉사람은 볼품없으나 속사람이 훌륭하기 때문에 그를
선택하신 것이 아닙니다. 하나님 자신의 '심장'으로 엘리압과
다윗을 보시고 다윗을 선택하신 것입니다.

다윗이 왕으로 선택되는 사무엘상 16장은 사람을 외모로
차별하지 않고 공평하게 대하는 것과는 아무런 상관이
없습니다. '사람은 눈으로 보지만 하나님은 심장으로 보신다'
는 구절은 하나님의 선택 기준이 인간의 기준과는 다르다는
것을 나타내는 구절입니다. 우리 인간은 눈이라는 감각기관을
통해 사람을 보고 세상을 봅니다. 하지만 하나님은 그분의

'심장'으로 보십니다. 하나님은 우리가 보는 것과는 전혀 다른 차원으로 보시는 분입니다.

우리 인간은 하나님처럼 '심장으로' 볼 수 없습니다. 사람이 타인을 볼 수 있는 감각기관은 '눈'에 불과합니다. 그렇기 때문에 성경은 우리에게 눈에 보이는 것으로 사람을 판단하지 말 것을 경고합니다. 눈을 비롯한 감각기관에 의존하며 살아가는 한낱 인간이 신분이나 출신, 인종 등으로 사람을 차별할 수는 없겠지요. 하나님께서 그분의 심장으로 어떻게 보실지를 알 수 없는데 말입니다.

יִרְאֶה לַלֵּבָב 이르에 랄레바브

헨 חֵן

은혜의 하나님

신앙인에게 '은혜'는 너무나 익숙한 표현입니다. 매일매일
주님의 은혜를 구하고, 또 주님께서 주시는 은혜를 힘입어
살아갑니다. 이처럼 은혜는 '공급받는' 어떤 것으로
여겨집니다. 신앙적인 관점이 아니더라도 은혜는 상대에게서
받는 것, 혹은 어떤 대상에게 주는 것으로 여겨집니다. '은혜를
입는다', '은혜를 받는다', 혹은 반대 관점에서 '은혜를 베푼다'
는 표현이 익숙한 것은 아마도 앞서 이야기한 은혜에 대한
관념이 크게 자리하기 때문일 것입니다. '수혜', '시혜'라는
단어만 보더라도 알 수 있지요. 즉, 은혜는 주고받는 것입니다.
그런데 히브리어에서 '은혜'는 이와는 다른 의미를 가집니다.
  히브리어가 말하는 '은혜'의 의미를 알기 위해서는
창세기로 거슬러 올라가야 합니다. 창세기 6장의 하나님은

41

타락한 사람들을 보시고 그들을 창조한 것을
후회하십니다.^{창6:6} 성경은 그런 하나님의 마음을 이렇게
표현합니다.

> 그(하나님)는 자신의 심장에까지 고통스러웠다[바이트아쩨브
> 엘-립보(וַיִּתְעַצֵּב אֶל-לִבּוֹ)](저자 사역).

이는 우리가 뼛속까지 사무치도록 아프다고 말하는 것과
비슷한 표현입니다. 홍수로 사람을 심판하시는 하나님은 눈
하나 깜짝하지 않고 죄인을 처단하는 무서운 분이 아닙니다.
하나님이 직접 만드신 이 창조세계가 온통 '폭력'[하마스(חָמָס),
개역개정은 "포악함"으로 번역]으로 훼손된 것을 보시고
^{창6:11-13} 심장이 찢어지도록 아파하시는 분입니다.

당신의 눈 속에서 은혜를 발견합니다

그런 상황 속에서 하나님은 노아를 택하십니다. 성경은
하나님께서 노아를 택정하신 순간을 다음과 같이 표현합니다.

> 그러나 노아는 여호와께 은혜를 입었더라(창 6:8).

우리말 번역 성경은 노아가 선택받은 것을 두고 '은혜를

42

입었다'는 말로 표현합니다. 그런데 이 부분에 해당하는
히브리어 원문은 표현을 조금 달리합니다.

וְנֹחַ מָצָא חֵן בְּעֵינֵי יהוה
그러나 노아는 주님(여호와)의 눈 속에서 은혜를 발견했다

(저자 사역).

'마차 헨 브에이네이'(מָצָא חֵן בְּעֵינֵי)는 '(상대방의) 눈에서 은혜를
발견한다'는 히브리어의 독특한 표현입니다. 영어 성경에서
종종 발견되는 "to find favor in someone's eyes"라는 표현은
히브리어 원문의 의미를 살려 직역한 것입니다.
은혜를 받거나 얻는 것이 아닌, 상대의 눈 속에서 발견하는
것이라는 인식이 흥미롭습니다. 부패와 폭력이 가득한
세상에서 오직 노아만은 하나님의 눈 속에서 '은혜'를
발견합니다. 그가 발견한 '은혜'의 의미는 무엇이었을까요?

히브리어 헨(חֵן) 의미

'은혜'로 번역되는 히브리어 '헨'(חֵן)은 크게 두 가지 의미를
가지고 있습니다. 먼저 '불쌍히 여기다', '긍휼히 여기다'라는
의미가 있고, '무상으로', '값없음'을 뜻하는 두 번째 의미가
있습니다. 이 두 번째 의미에서 '이유 없이', 그리고 '조건

없이', '대가를 바라지 않고'라는 의미가 파생됩니다.
누군가에게 무엇을 '무상으로' 준다는 것은 '대가를 바라지
않고', 아무 '이유 없이' 주는 것입니다. 그리고 값없이 은혜를
베푸는 마음의 기저에는 상대를 긍휼히 여기는 마음이
있습니다.

　　창세기 33:5에서 "너와 함께한 이들은 누구냐"고 묻는 형
에서의 질문에 야곱은 다음과 같이 대답합니다. "하나님이
은혜로 주신 자식들이니이다." 이 말에는 하나님께서 야곱
자신을 불쌍히 여기신 것 외에 다른 이유 없이 자신에게
자식들을 선물로 주셨다는 뜻이 담겨 있습니다. 야곱이
하나님의 뜻을 잘 따라 살아온 대가로 가족을 얻은 것이 결코
아니라는 말입니다. 은혜란 받을 자격이 있어서 주어지는 것이
아니라 값없이 주어지는 것입니다. 그렇기 때문에 "하나님께서
당신에게 은혜 베푸시기를 원합니다"라는 축복의 말은 곧
하나님께서 당신을 긍휼히 여기셔서 값없이, 아무런 이유나
대가 없이 베푸시기를 원한다는 뜻이 됩니다.

요나서가 설명하는 은혜의 의미

하나님께서 '값없이 주신다'는 은혜의 속성은 요나서에서
탁월하게 드러납니다. 요나서는 은혜가 무엇인지 설명하기
위한 선지서입니다. 요나는 당시 아시리아 제국의 수도

44

니느웨로 가서 "사십 일이 지나면 니느웨가 무너지리라"욘 3:4
고 예언합니다. 요나는 사실 이렇게 예언하고 싶지
않았습니다. 혹시라도 니느웨 사람들이 회개하여 하나님의
진노를 피하게 될까 두려웠기 때문입니다.

　　요나가 살던 시대의 아시리아 제국은 고대근동 지역
전체를 통치하던 대제국이었습니다. 인접한 약소국
이스라엘에게는 가장 위협적인 존재였지요. 사마리아를
중심으로 한 북이스라엘은 결국 아시리아 제국에 멸망했고,
예루살렘을 중심으로 한 남유다 역시 아시리아에 의해 거의
멸망할 뻔했습니다. 이런 상황에서 하나님께서는 요나에게
아시리아 제국의 수도인 니느웨로 갈 것을 명하십니다. 우리
역사에 대입해 보면 일제강점기에 일본을 구원하시겠다며
도쿄로 갈 것을 명하신 것과 마찬가지입니다. 요나 입장에서는
화가 날 법도 합니다.

　　요나가 가장 걱정한 것은 하나님께서 회개한 아시리아
사람들을 용서하시는 것이었습니다. 그리고 사태는 요나가
염려하던 대로 흘러갑니다. 모든 상황을 지켜본 요나는 결국
분노합니다.욘 4:1 너무 화가 나서 차라리 죽는 게 낫겠다고
말하는 요나에게 하나님께서는 '은혜'가 무엇인지를 설명해
주십니다. 요나서는 히브리어 '헨'의 의미가 무엇인지를 직접
알려 주시는 하나님의 말씀으로 끝을 맺습니다.

　　하나님 여호와께서 박넝쿨을 예비하사 요나를 가리게

하셨으니 이는 그의 머리를 위하여 그늘이 지게 하며 그의
괴로움을 면하게 하려 하심이었더라(욘 4:6).

여호와께서 이르시되 네가 수고도 아니하였고 재배도
아니하였고 하룻밤에 났다가 하룻밤에 말라 버린 이
박넝쿨을 아꼈거든(욘 4:10).

박넝쿨(피마자)은 요나가 애써서 얻은 것도 아니고 어떤 자격이
있어서 받은 것도 아니었습니다. 그야말로 '값없이' 받은
것입니다. 뜨거운 뙤약볕에서 괴로워할 요나를 '불쌍히',
'긍휼히' 여기신 하나님께로부터 비롯된 것입니다.

요나는 저 아시리아 제국의 니느웨 백성들을 불쌍히
여기신 '은혜의 하나님'욘 4:2이 못마땅했습니다. 불같이 화를
내는 요나에게 하나님께서는 은혜란 요나 자신이 받은
박넝쿨과 마찬가지로 어떤 수고와 노력의 결과물이 아니며,
또한 받을 만한 자격이 있는 대상에게 주어지는 것이 아님을
말씀하십니다. 하나님께서 니느웨 백성들에게 은혜를
베푸시기로 결정하셨다면 그것은 니느웨 백성이 그 은혜를
받을 자격이 있어서가 아닙니다. 그들을 불쌍히 여기시는
하나님께서 값없이 주시는 것입니다. 이는 요나서의 마지막
구절로 등장하는 하나님의 말씀에서 더욱 명확히 드러납니다.

이 큰 성읍 니느웨에는 좌우를 분변하지 못하는 자가

십이만여 명이요 가축도 많이 있나니 내가 어찌 아끼지
아니하겠느냐 하시느라(욘 4:11).

'좌우를 분변하지 못한다'는 것은 옳고 그름을 판별할 지혜가
없다는 뜻입니다. 어리석은 니느웨의 백성들은 하나님의 뜻을
알지 못했고 그분의 뜻대로 행하지 않았습니다. 그런데도
하나님은 그 어리석고 악한 사람들마저 자신의 자녀로
여기시고 "내가 어찌 아끼지 아니겠느냐"라고 말씀하십니다.
은혜의 하나님은 그분의 뜻을 따르는 사람들만 아끼시는 것이
아닌, 자격 없는 이들마저 자신의 자녀로 품으시는 분입니다.
　　흔히 구약의 하나님을 '무서운 하나님'으로, 신약의
하나님을 '은혜의 하나님'으로 이야기하곤 합니다. 하지만
요나서의 하나님은 자녀들을 끝까지 포기하지 않으시고
긍휼을 베푸시는 분이십니다. 구약성경 요나서에 나타나는
하나님의 속성은 아무 이유 없이, 그저 사랑하기 때문에
아들의 목숨까지 아끼지 않으시는 하나님에 대한 신약의
증언으로 이어지게 됩니다.

חֵן 헨

니플라오트 נִפְלָאוֹת

놀라우신 하나님

"내 뜻대로 마옵시고 주님의 뜻대로 되기를 원합니다."

기도할 때 우리가 흔히 사용하는 이 표현은 겟세마네 동산에서 드려진 예수님의 기도에 등장하는 표현입니다. 마 26:39, 눅 22:42 십자가로 향하는 길 바로 앞에서 드려진 이 기도는 "매우 고민하여 죽게"마 26:38 될 정도의 예수님의 고뇌와 고통을 극적으로 표현하고 있습니다. 그래서 그리스도의 인성人性을 가장 잘 나타내는 표현 중 하나로 이해되기도 하지요. 우리는 겸손한 신앙인의 태도를 강조할 때 이 기도를 인용하곤 합니다. 내가 원하는 대로가 아니라 하나님께서 원하시는 대로 나의 삶과 내가 속한 공동체의 방향을 인도해 주시기를 바라는 것은 우리가 마땅히 지향해야

49

할 신앙인의 자세입니다.

　이러한 기도를 들을 때면 떠오르는 질문 하나가 있습니다. 우리의 인생이 우리가 뜻하는 대로 흘러가는가 하는 의문입니다. 여태껏 우리 인생이 우리 뜻대로 된 적이 있었는가를 생각해 보면, 결코 그렇지 않다는 것을 알 수 있습니다. 기름값과 금리, 주식과 집값 등은 좀처럼 우리가 바라는 대로 오르거나 내리지 않습니다. 부모나 배우자, 자녀 역시도 우리 마음처럼 움직이지 않을 때가 얼마나 많은지 모릅니다. 심지어 우리 자신조차 나의 뜻대로 살지 못하는 것이 우리의 삶인 듯합니다. 역설적이게도, 가장 내 마음대로 되지 않는 것이 바로 내 마음이지요. 세상에 내 뜻대로 되는 일이 없는데 굳이 "내 뜻대로 마옵시고"라고 기도할 필요가 있을까요?

　인간이 어떤 뜻을 세우고 그 뜻을 이루기 위해 노력한다고 하나님께서 자신의 뜻을 이루지 못하실 것은 없습니다. 하나님은 우리보다 약한 분이 아닙니다. 내 뜻이 아닌 주님의 뜻을 앞세우는 기도나 '내가 커지면 하나님이 작아진다'는 진술은 한편으로는 겸손한 신앙의 표현이지만, 다른 관점에서는 교만한 말일지 모릅니다.

　성경에는 하나님의 크심과 인간의 보잘것없음을 대비하는 구절이 많이 있습니다. 욥기 37:5은 그중에서도 대표적인 구절 중 하나입니다.

하나님은 놀라운 음성을 내시며 우리가 헤아릴 수 없는 큰
일을 행하시느니라(개역개정).

하나님이 명하시면, 놀라운 일들이 벌어집니다. 도저히
이해할 수 없는 신기한 일들이 일어납니다(새번역).

여기서 "놀라운"으로 번역된 단어는 '니플라오트'(נִפְלָאוֹת)
입니다. 인간이 다 알 수 없고 헤아릴 수 없는 하나님의 크심을
나타내는 대표적인 단어입니다.

니플라오트(נִפְלָאוֹת)의 의미

니플라오트는 어근 '팔라'(פָּלָא)에서 온 파생 명사입니다.
팔라는 일상적인 인간의 경험과 이해의 영역을 벗어난 것을
일컫는 말입니다. 성경에서는 기이하고 출 15:11, 시 77:12; 89:6, 사 29:14
놀라운 것 애 1:9, 시 119:129, 단 12:6 을 나타낼 때 사용되고, 명사형인
니플라오트는 "기이", "기사"奇事, "기적"수 3:5, 삼하 1:26, 대상 16:9, 12,
24, 대하 26:15, 느 9:17과 "이적"출 3:20; 34:10, 삿 6:13; 13:19 등으로
번역됩니다. 이사야 9:6의 "그의 이름은 기묘자"라는 표현
역시 바로 이 어근에서 나온 '펠레'(פֶּלֶא)를 번역한 것입니다.
　우리의 생각과 이해를 뛰어넘으시는 하나님을 나타내는
대표적인 표현이 바로 니플라오트입니다. 니플라오트는 우리

인간이 이해할 수 있는 어떤 특정한 원리나 규칙으로 하나님을
온전히 다 파악할 수 없음을 표현하는 신앙고백입니다.
하나님은 오묘한 원리와 규범으로 세상을 창조하신
분이시지만, 그러면서도 그분은 그 원리 안에 갇혀 계시지
않으십니다.

> 하나님은 헤아릴 수 없이 큰 일을 행하시며 **기이한 일**
> (니플라오트)을 셀 수 없이 행하시나니(욥 5:9).

> 측량할 수 없는 큰 일을, 셀 수 없는 **기이한 일**(니플라오트)을
> 행하시느니라(욥 9:10).

> 하나님은 **놀라운**(니플라오트) 음성을 내시며 우리가 헤아릴 수
> 없는 큰 일을 행하시느니라(욥 37:5).

위의 세 예문에서 니플라오트는 모두 크다는 뜻의 '게돌로트'
(גדלות)와 평행어로 사용되고 있습니다. 우리가 예상할 수 없는
기이한 일들까지도 모두 하나님의 크신 뜻 안에 있다는
것이지요. 우리는 '주님의 높고 위대하심을' 찬양합니다.
그것은 예상하지 못한 방식으로 우리의 삶을 인도하시는
하나님의 은혜와 복에 대한 감사의 표현입니다. 그러나
'주님의 높고 위대하심'을 고백하는 것은 동시에, 우리를
이해할 수 없는 고통과 고난으로 인도하시는 하나님의 주권을

인정하는 것이기도 합니다. 물이 포도주가 되고 물고기와 떡 몇 개로 수천 명을 먹이시는 기사와 이적만이 아니라, 욥이 당한 고난처럼 까닭 없는 고난 앞에서도 우리는 우리의 이해를 넘어서는 하나님을 경험합니다. 내게 복과 은혜를 주시는 하나님만 높고 위대하신 것이 아닙니다. 욥의 고백처럼 하나님은 주시는 분인 동시에 거두어 가시는 분이시며,[욥1:21] 복을 주실 수도, 화를 주실 수도 있는 분입니다.[욥2:10]

니플라오트는 하나님의 '신비'mystery를 뜻하는 말로, 하나님의 자유와 절대주권을 의미합니다. 인간이 아무리 자신의 뜻을 관철시키려고 노력해도 하나님의 주권을 침범할 수는 없습니다. 이를 믿는 신앙인이 혹여나 내 인생이 하나님의 뜻이 아닌 '나의 뜻'대로 될까 염려하는 것만큼 큰 모순도 없겠지요.

신앙인의 건강한 자세는 오히려, 계획과 뜻을 세우고 하루하루 최선을 다해서 살아가는 것이라고 생각합니다. 그렇게 매일을 충실히 살아간 뒤에 되돌아보면 자신의 뜻과 계획대로 된 일이 하나도 없음을 깨닫게 될 것입니다. 신앙이 깊어가는 것은 내 자신의 뜻과 의지를 없애는 것이 아니라 내가 하나님이 아니라는 사실을 점점 더 피부로, 몸으로 깨달아가는 것입니다. 지나온 모든 삶의 한 걸음 한 걸음을 인도하신 분이 하나님이라는 것을 발견하는 것입니다.

נִפְלָאוֹת 니플라오트

카도쉬 קָדוֹשׁ

너희는 거룩하라. 이는 나 여호와 너희 하나님이
거룩함이니라(레 19:2).

성경은 우리에게 거룩을 명령합니다. 또한 성경을 통해
하나님께서 우리에게 명하시는 거룩은 그분 자신의
속성입니다. 그렇다면 거룩하라는 하나님의 말씀은 우리에게
무엇을 요청하는 것일까요? 하나님의 명령을 따라 거룩해지기
위해 우리가 해야 하는 일은 무엇일까요?
이 시간에는 히브리어 단어 '카도쉬'(קָדוֹשׁ)를 통해 하나님께서
말씀하시는 '거룩'의 진정한 의미를 찾아보고자 합니다.

55

카도쉬(קָדוֹשׁ)의 어원적 의미

『표준국어대사전』은 '거룩'을 '뜻이 매우 높고 위대하다'로
정의하고, 『옥스퍼드 영어 사전 Oxford English Dictionary』은 'holy'를
'dedicated or consecrated to God or a religious purpose'로
정의합니다. 그렇다면 "거룩하라"는 명령은 보다 높은 곳에
뜻을 두고 하나님께 헌신된 삶을 살라는 뜻일까요? 그 의미에
대한 해답은 성경에서 찾을 수 있습니다.

'거룩'을 의미하는 명사 '코데쉬'(קֹדֶשׁ)와 형용사 카도쉬의
어원적인 의미는 '분리' separate 와 '다름' different 입니다. 즉, 따로
떼어놓아 '남들과는 다른' 특별한 것을 가리킬 때 사용되는
말입니다. 이에 대한 예로는 안식일의 구별을 들 수 있습니다.
"하나님이 일곱째 날을 복 주사 거룩하게 하셨으니 이는
하나님이 그 창조하시며 만드시던 모든 일을 마치고 이 날에
안식하셨음이더라"는 창세기 2:3은 일곱째 날이 다른 날들과
구별되는 특별한 날임을 의미합니다. 그리고 그날의 특별한
점은 하나님께서 창조 행위를 멈추셨다는 데 있습니다.

거룩한 것과 속된 것을 나누는 이분법에 따르면 일곱째
날인 안식일만이 '성스러운' holy 날이고, 나머지 6일은 '속된'
날이 되어 버립니다. 하지만 일곱째 날을 제외한 6일 동안에는
하나님의 창조 행위가 있었습니다. 그날들을 '속된' 날들로
지칭하기는 어렵습니다. 다만 일곱째 날은 다른 날과는 다르게
하나님께서 일을 하지 않으신 날이기 때문에 특별히 구별되는

것입니다.

마찬가지로, 이스라엘의 절기인 유월절과 무교절이 제정되는 출애굽기 12:16도 이러한 맥락에서 이해해야 합니다. "첫날에도 성회(거룩한 모임)요 일곱째 날에도 성회(거룩한 모임)가 되리니 너희는 이 두 날에는 아무 일도 하지 말고." 첫째 날과 일곱째 날은 특별한 날인데 아무 일도 하지 않는다는 점에서 그렇다는 의미로 말이지요.

제사장의 복장을 규정하는 출애굽기 28장도 동일한 맥락으로 이해해야 합니다. 아론을 위해 "거룩한 옷"을 지어 그 옷으로 아론을 "거룩하게" 하라는 하나님의 명령2-3절은 그 옷감이 값비싼 귀한 재질로 되어 있거나 그 옷에 어떤 신비한 힘이 깃들어 있다는 뜻이 아닙니다. 일반 백성들이 입는 옷과는 다른 방식으로 지어진 특별한 옷이라는 뜻으로, 그 옷을 입은 사람은 옷만으로도 그가 남들과는 다른 사람임을 알 수 있게 하라는 것입니다.

거룩의 수직성과 수평성

코데쉬 또는 카도쉬는 분리와 다름을 나타내므로 이 단어가 나올 때는 거룩하게 구별되는 대상이 어떤 면에서 다른가, 혹은 어떻게 달라야 하는가에 대한 설명이 뒤따라옵니다. 레위기 19:2의 "너희는 거룩하라" 역시 구별될 것을 명하는

말씀으로, 바로 뒤따르는 3절 이하에서 하나님의 백성으로
어떤 면이 달라야 하는가를 자세하게 설명하고 있습니다.
하나님을 믿고 따르는 백성들이 다른 민족들과 달라야 할 첫
번째로 성경이 말씀하는 바는 다음과 같습니다.

> 너희 각 사람은 부모를 경외하고(레 19:3).

레위기가 전하는 '거룩'의 첫 번째 내용은 부모를 공경하는
것입니다. '부모를 경외하라'는 명령 다음에는 "나의 안식일을
지키라"는 명령이 뒤따릅니다. 다른 민족들이 어떻게 하든
하나님을 믿는 백성들은 자신의 부모를 공경해야 하고, 다른
사람들이 쉼 없이 일을 하더라도 이스라엘의 하나님을 섬기는
사람들은 6일을 일했으면 하루는 반드시 일을 멈춰야 한다는
것입니다.

　레위기 19장이 말하는 거룩은 크게 두 가지로 나뉩니다.
하나는 하나님을 대하는 '수직적인' 측면의 거룩이고, 또
하나는 이웃과 사람들을 대하는 '수평적인' 측면의
거룩입니다. 우상을 만들지 말라는 명령4절과 제물을 드리는
특정한 방식,5-8절 하나님의 이름으로 거짓 맹세하지 않는 것
12절 등을 '수직적인 거룩'이라 한다면, 그 외의 대부분의
명령은 '수평적인 거룩'이라 할 수 있습니다. 가난한 사람과
난민들을 위해 밭과 포도원의 일부를 추수하지 않고 남겨놓는
것,9-10절 남의 것을 훔치지 않고, 남을 속이거나 거짓말하지

않는 것,[11절] 이웃을 억압하거나 착취하지 않는 것과 노동자의 임금을 제때 지불하는 것,[13절] 장애인을 차별하지 않는 것,[14절] 공평과 정의로 재판하는 것,[15절] 이웃을 희생하여 자신의 이익을 도모하지 않는 것,[16절] 형제를 미워하지 않으며 그를 바른 길로 인도하는 것[17절] 등은 수평적인 거룩을 이야기합니다. 그리고 이 모든 수평적인 거룩은 "네 이웃을 네 자신과 같이 사랑하라"[18절]는 한 가지 명령으로 귀결됩니다.

수직적이고 수평적인 거룩의 두 방향성은 십계명의 두 가지 측면, 수직적인 1-4계명과 수평적인 5-10계명으로 연결됩니다. 그리고 이는 마태복음 22장과 누가복음 10장에서 말하는 율법(성경)의 핵심인 '하나님 사랑과 이웃 사랑'의 명령과도 궤를 같이합니다. 우리는 '수직적인' 의미에서의 하나님 사랑과 '수평적인' 이웃 사랑의 실천을 통해 세상과 구별되는 삶을 살게 되는 것입니다.

이 수직성과 수평성은 서로 분리된 것이 아닙니다. 십자가가 수직과 수평으로 이루어진 것처럼 말입니다. 하나님과의 관계가 깨어진 사람은 주위 사람들과도 온전한 관계를 맺을 수 없습니다. 마찬가지로, 사람들과의 수평적인 관계가 깨지고 무너져 있는 상태로는 하나님과의 온전한 관계를 맺을 수 없습니다. 우리가 주위에 있는 사람들과 올바른 수평적 관계를 맺어야 하는 당위는 바로 수직적으로 주어집니다. 하나님께서 거룩하시기 때문에 우리도 거룩해야 합니다.

קָדוֹשׁ 카도쉬

헤세드 חֶסֶד

한결같이 변함없으신
하나님

히브리어를 배우는 것은 지적 훈련일 뿐 아니라 영성 훈련 spiritual training 이기도 합니다. 이 언어가 어떤 신비한 힘을 지닌 언어라는 이야기가 아닙니다. 낯선 언어를 배우는 것이 우리로 하여금 익숙한 틀에서 벗어나게 한다는 점에서 그렇다는 것입니다. 신앙생활을 오래 하다 보면 해오던 대로 익숙한 방식에 안주하고 싶어집니다. 저는 그것을 '관성적 신앙' 혹은 '신앙의 관성'이라고 부릅니다. 익숙하지 않은 표현을 접하거나 경험해 보지 않은 순서가 포함된 예배를 드릴 때면 불편하게 느껴집니다. 익숙한 언어를 사용하여 기도하고 익숙한 방식으로 예배를 드려야 편안합니다. 사실 이는 당연한 일이지요. 익숙한 것은 편안하고 낯선 것은 어색합니다. 다만, 예배를 편안하게 드리고 싶어 하는 '관성'이 우리로 하여금

자꾸만 익숙한 것을 찾게 만듭니다.

　음악 전공자들은 일부러 불규칙한 리듬이나 불협화음을
듣는 훈련을 합니다. 익숙한 틀에서 벗어나 낯선 소리에 귀를
여는 훈련입니다. 히브리어를 배우는 것도 이와 같습니다.
셈족어인 히브리어는 우리나라나 일본, 중국 같은 동아시아의
언어들이나 영어, 독일어, 그리스어, 라틴어와 같은 인도·유럽
어족 언어와도 많이 다른 낯선 언어입니다. 낯선 언어를
배우는 일은 우리를 안전하고 익숙한 틀 밖으로 내몹니다.
평소에 듣던 음역대를 벗어난 하나님의 낯선 음성을 듣는다는
점에서 히브리어를 접하는 것은 일종의 영적 훈련이 될 수
있겠지요.

　성경을 번역하는 사람들도 어떤 단어를 번역할 때
문맥적인 고려를 깊이 하지 않고 관성적으로 번역하는 일이
적지 않습니다. 저는 이를 '게으른 번역'이라고 부릅니다.
게으른 번역의 여러 사례 중 하나가 바로 '인자와 진리'입니다.
히브리어 '헤세드'(חֶסֶד)와 '에메트'(אֱמֶת)를 각각 '인자'와 '진리'
로 번역한 것인데, 이 '익숙한' 표현이 문맥에 맞지 않는
경우가 종종 발견됩니다.

헤세드(חֶסֶד)의 의미

히브리어 헤세드는 한 단어의 우리말로 번역하기 무척

까다로운 어휘입니다. 헤세드는 계약 관계에서 사용되는 일종의 전문용어로, 계약의 '내용'과 계약의 '속성'이라는 측면에서 크게 두 가지로 의미가 나누어집니다.

고대 이스라엘을 비롯한 근동 세계에서 어떤 집단이나 개인 사이에 계약을 맺는 목적은 기본적으로 서로 좋은 관계를 맺자는 데 있었습니다. 이것이 '내용'에 해당하는 부분입니다.

또한 계약은 대부분 구두로 맺어졌습니다. 당시에는 계약을 공식 문서로 공증받거나 감독할 상급기관이 존재하지 않았습니다. 이런 이유로 인해 구두로 맺은 계약일지라도 한 번 맺은 계약은 쉽게 파기되어서는 안 된다는 개념이 확고히 자리를 잡았습니다. 이것이 계약의 '속성'에 해당하는 부분입니다. 이로써 지속성, 영속성은 계약의 핵심적인 속성이 되었습니다.

창세기 21:22-31에 나타난 아브라함과 아비멜렉의 계약은 헤세드의 '내용'과 '속성'을 잘 보여주는 예시입니다.

그런즉 너(아브라함)는 나(아비멜렉)와 내 아들과 내 손자에게 거짓되이 행하지 아니하기를 이제 여기서 하나님을 가리켜 내게 맹세하라. 내가 네게 후대한 대로 너도 나와 네가 머무는 이 땅에 행할 것이니라(창 21:23).

이 계약 역시 서로 진실하게 행하고 좋은 관계를 맺자는 것을 내용으로 하고 있으며 "하나님을 가리켜 맹세"함으로 그 지속성을 보장받게 됩니다.

> 아브라함이 이르되 너는 내 손에서 이 암양 새끼 일곱을
> 받아 내가 이 우물 판 증거를 삼으라 하고 두 사람이 거기서
> 서로 맹세하였으므로 그 곳을 브엘세바라 이름하였더라
> (창 21:30-31).

이 시대에는 계약을 보증하는 제도가 따로 없었기 때문에
영속적인 약속을 상징하는 장치를 당사자가 직접 정해야
했습니다. 아브라함과 아비멜렉의 경우 계약을 맺은 장소의
이름을 정하는 것으로 계약의 영속성을 보증했습니다. 한번
정한 이름은 자손 대대로 기억되기 때문에 장소의 이름을
정함으로써 영속성을 담보하는 것입니다. 아브라함과
아비멜렉이 정한 이름은 '브엘세바'로, 맹세의 우물이라는
뜻입니다.
　야곱과 라반 사이의 계약을 묘사하고 있는 창세기 31장
역시 헤세드의 의미를 잘 드러내는 성경 본문입니다.

> 만일 네가 내 딸을 박대하거나 내 딸들 외에 다른 아내들을
> 맞이하면 우리와 함께할 사람은 없어도 보라, 하나님이
> 나와 너 사이에 증인이 되시느니라 함이었더라(창 31:50).

> 이 무더기가 증거가 되고 이 기둥이 증거가 되나니 내가 이

무더기를 넘어 네게로 가서 해하지 않을 것이요 네가 이
무더기, 이 기둥을 넘어 내게로 와서 해하지 아니할 것이라
(창 31:52).

라반은 그것을 여갈사하두다라 불렀고 야곱은 그것을
갈르엣이라 불렀으니(창 31:47).

계약의 내용은 자신(라반)의 딸들(레아와 라헬)에게 잘 대해 주고
서로의 영역을 침범하여 해를 가하지 말자는 것이고, 계약의
영속성은 돌무더기를 통해 보증됩니다. '증거의 돌'은
아람어로는 '여가르-사하두타'(יְגַר שָׂהֲדוּתָא)라고 하고,
히브리어로는 '갈-에드'(גַּלְעֵד)라고 합니다. 47절은 각각
아람어와 히브리어로 서로 맺은 계약에 지속성을 부여하는
라반과 야곱의 모습을 그리고 있습니다.

헤세드의 용례와 그 번역의 예들

좋은 관계를 맺자는 계약의 '내용'과, 영속적으로 유지된다는
계약의 '속성'으로 인해 계약 언어 헤세드는 두 가지 의미를
함께 지니게 됩니다. 헤세드의 번역어로 주로 쓰이는
'인자', kindness '자비', mercy '사랑', love '인애' loving-kindness 등은
'좋은 관계를 맺는다', '서로 잘 대해 준다'는 헤세드의 첫 번째

의미가 강조된 경우입니다. 반면에 '성실',faithfulness
'신실',trustworthiness '신뢰'trust 등은 '오래 지속되고 변함이
없으며 영속적'이라는 헤세드의 두 번째 의미가 강조된
것입니다.

　이 두 가지 의미가 모두 포함된 번역어가 있으면 좋겠지만
마땅한 단어를 찾기 어렵습니다. 영어의 "steadfast love"
(확고한 사랑)라는 번역이 그나마 두 의미를 최대한 함께
담으려고 애쓴 번역이지만 헤세드를 모두 "steadfast love"로
번역할 수는 없습니다. 성경에 나타난 헤세드의 용례 중에 두
번째 의미를 특별히 강조하는 경우가 적지 않기 때문입니다.
특별히, 어근 '아멘'(אמן)에서 파생된 에메트나 '에무나'(אֱמוּנָה)
등과 함께 쓰일 때는 '오래 지속되고 변함이 없다'는 헤세드의
두 번째 의미를 강조하는 경우입니다.

　어근 아멘의 어원적 의미는 '토대가 굳건하다', '흔들림
없다'to be established firmly 는 뜻입니다. 우리가 기도할 때 "아멘!"
이라고 말하는 것은 '그렇게 될 줄로 믿습니다'라거나 '나는
그것을 인정하고 받아들입니다'라는 의미가 아닙니다. 아멘은
'그것은 변하지 않는 사실입니다', '그것은 확실합니다'라는
뜻으로, 객관적 사실을 가리키는 단어입니다. 그래서 어근
아멘에서 파생된 에메트를 "진리"로 번역하는 것입니다.

　그런데 헤세드와 에메트를 "인자와 진리"로 번역하면, 두
단어 사이의 간극이 너무 크게 벌어집니다. '인자'와 '진리'는
서로 어울리는 말이 아닙니다. 그보다는 영속적 속성을

나타내는 헤세드의 두 번째 의미로 번역하는 것이 에메트의
의미와 잘 어울립니다. 헤세드와 에메트 같은 단어를 '짝단어'
라고 합니다. 하나의 개념을 두 가지 다른 단어로 함께
표현하는 것입니다. 헤세드와 에메트는 붙어 있을 때
'변함없음', '흔들림 없음'을 뜻하는 짝단어로 쓰이게 됩니다.

잠언 20:28의 헤세드

잠언 20:28은 헤세드의 두 번째 의미가 특히 두드러지는
구절입니다. 여기에서도 헤세드와 에메트가 함께 등장합니다.

> 왕은 인자(헤세드)와 진리(에메트)로 스스로 보호하고 그의
> 왕위도 인자함(헤세드)으로 말미암아 견고하니라(개역개정).

> 인자(헤세드)와 진리(에메트)가 왕을 지켜 주고, 정의(헤세드)가
> 그의 보좌를 튼튼하게 한다(새번역).

> 임금은 친절(헤세드)과 신실(에메트)로 스스로 보위하고 정의
> (헤세드)로 그 자리를 다져야 한다(공동번역).

> 자애(헤세드)와 진실(에메트)이 임금을 지켜 주고 정의(헤세드)
> 가 그의 왕좌를 받쳐 준다(가톨릭성경).

대표적인 우리말 번역 성경에서는 헤세드를 "인자", "친절", "자애" 등으로 번역하고 있습니다. 모두 헤세드의 첫 번째 의미가 부각된 번역입니다. 하지만 흥미롭게도 개역개정을 제외하고, 새번역과 공동번역, 가톨릭성경은 하반절의 헤세드를 모두 "정의"로 번역합니다. 이는 헤세드의 두 번째 의미에 해당하는 번역입니다.

헤세드의 진짜 의미를 가리기 위해서는 에메트와 함께 쓰였다는 점과 더불어 잠언 20장 전체의 맥락을 살펴보아야 합니다. 잠언 20장은 하나님을 상징하는 "지혜로운 왕"에 대해 묘사합니다. 지혜로운 왕은 "진노"하고 2절 "심판 자리에" 앉아 "모든 악을 흩어지게" 합니다. 8절 또한, "한결같지 않은 저울 추와 한결같지 않은 되를 미워"하고 10절 "속이는 저울"을 싫어하며 23절 "악인들을 키질하며 타작하는 바퀴를 그들 위에 굴리"시는 분입니다. 26절 이 모두는 옳고 그름의 기준이 분명하고 그 기준에 맞지 않는 악인들을 용서하지 않으시는 심판자로서의 하나님을 묘사하고 있습니다. 하나님이 두려운 존재이며 그분을 경외해야 하는 이유는 그분의 선악 기준이 변함없이 한결같기 때문입니다.

이렇듯 잠언 20장은 엄격하고도 공명정대한 하나님의 속성을 강조합니다. 이러한 맥락에서 28절을 이해할 때 갑자기 '인자함'이 튀어나오는 것은 너무 어색합니다. 이에 더해 이어지는 30절 역시 꾸짖고 벌을 내려서라도 우리를 올바르게 인도하시려는 하나님의 속성을 묘사합니다. "상하게

때리는 것이 악을 없이하나니 매는 사람 속에 깊이
들어가느니라."

잠언 20장 전체의 문맥은 '인자', '친절', '자애'와는
아무런 상관이 없습니다. 여기서 헤세드는 친절히 대한다는 첫
번째 의미와는 무관하게, 변함이 없고 흔들림이 없다는 두
번째 의미가 강조된 경우입니다. 잠언 20장은 왕의 자리가
친절과 자애, 부드러움과 너그러움으로 유지된다고
이야기하는 것이 아니라, 누구에게나 동일하게 적용되는
확고한 가치관으로 인해 견고해진다고 말하는 것입니다.

하나님은 인자와 자비가 풍성하신 분이면서 동시에
변함없는 선악 기준으로 정확하고 공평하게 모두를 대하시는
분이기도 합니다. 잠언 20장은 하나님의 너그럽고 어진
속성이 아니라 악을 엄격히 징벌함으로써 자녀를 바른 길로
인도하시려는 성품을 강조하고 있습니다. 따라서 잠언 20:28
의 진짜 의미는 다음과 같습니다.

변함없음(헤세드)과 한결같음(에메트)이 왕을 보호하고,
그의 왕위는 변함없음(헤세드)으로 말미암아 확고해진다
(저자 사역).

 헤세드

토라 תּוֹרָה

가르치시고 인도하시는
하나님

율법. 저는 이 단어가 성경에서 가장 논쟁적인 단어 중
하나라고 생각합니다. 바울의 서간을 읽으면 십자가 사건으로
율법이 모두 폐기된 것 같은데 예수님께서는 율법의
일점일획도 버릴 것이 없다고 하시니, 우리로서는 율법에 대한
입장을 어떻게 정해야 할지 난감합니다.

　　율법이라는 단어를 생각하면 두꺼운 법전을 떠올리기
쉽지만, 사실 '율법'律法으로 번역되는 히브리어 '토라'(תּוֹרָה)는
이와는 다른 의미를 지니고 있습니다. 바로 이 '율법'과 '토라'
사이의 간극을 제대로 알아야만 '율법'을 둘러싼 난감한
문제를 해결할 수 있습니다.

토라(תּוֹרָה)의 어원적 의미: 가르치다, 인도하다

히브리어 토라는 어근 '야라'(יָרָה)에서 파생된 명사로, 이 어근은 '가르치다', '인도하다'의 의미를 가지고 있습니다. 먼저 야라가 '가르치다'로 번역된 경우를 살펴보겠습니다.

> 내가 네 입과 그의 입에 함께 있어서 너희들이 행할 일을 **가르치리라**(출 4:15).

> 내 백성에게 거룩한 것과 속된 것의 구별을 **가르치며** (겔 44:23).

> 내게 **가르쳐서** 나의 허물된 것을 깨닫게 하라(욥 6:24).

> 이는 그의 하나님이 그에게 적당한 방법을 보이사 **가르치셨음이며**(사 28:26).

한편, 야라가 '인도하다'로 번역된 경우는 다음과 같습니다.

> 야곱이 유다를 요셉에게 미리 보내어 자기를 고센으로 **인도하게 하고** 다 고센 땅에 이르니(창 46:28).

이러한 어원을 바탕으로, '우리를 하나님의 뜻에 맞는 올바른 길로 인도하는 가르침'으로 토라를 정의할 수 있겠습니다.
잠언 6:23은 토라의 이러한 의미가 잘 드러나는 구절입니다.

> 대저 명령은 등불이요 법(토라)은 빛이요 훈계의 책망은 곧
> 생명의 길이라(잠 6:23).

하나님의 명령인 토라는 '생명의 길로 인도하는 등불이고 빛'
이라는 말씀입니다. 이 토라는 "네가 다닐 때에 너를 **인도하며**
네가 잘 때 너를 보호하"는 것입니다.^{잠 6:22}

토라의 다양한 번역과 두 가지 상반된 이해

히브리어 토라는 우리말 번역 성경에서 다양하게 번역됩니다.
개역개정의 경우, "율법"으로 번역한 경우가 압도적으로
많으며 "법"이나 "규례"(레위기의 경우)로 번역한 경우도 적지
않습니다. 소수의 번역으로는, "법도"^{창 26:5, 출 18:16, 20, 민 15:16,}
^{겔 44:24} "율례",^{겔 44:5} "도",^{렘 32:23} "교훈"^{욥 22:22, 잠 13:14} 등이
있습니다. 이 번역어들 중에서 "도"와 "교훈" 정도가 토라의
어원적인 의미인 '가르침'과 '인도'에 부합하는 번역이라 할 수
있겠습니다. 하지만 대부분의 경우 법률 용어인 "법"이나
"율법"으로 토라를 번역하고 있습니다.
　'가르침', '인도'를 뜻하는 토라에 법률적 의미를 덧입혀

이해하게 된 것은 기독교가 그리스-로마의 문화적 렌즈를
거쳐 우리에게 전달되었기 때문입니다. 칠십인역 성경 Septuagint
은 히브리어로 된 구약성경을 그리스어로 번역하면서 토라의
번역어로 'νόμος'(노모스)를 채택했습니다. 이는 법을 뜻하는
말로, 글로 쓰인 성문법과 불문율로서의 관습법을 모두
포함하는 단어입니다. 그리스의 뒤를 이어 세계를 지배하게 된
로마는 특히나 문화적으로 간결하고 명확한 것을 추구했기
때문에 사회 전반의 규칙을 법률 조항으로 정교하게 정리하고
체계화했습니다. 신약 시대는 이러한 그리스-로마의 문화와
고대 이스라엘의 히브리적 문화가 충돌하는 배경 속에서
펼쳐지게 됩니다. '가르침'과 '인도'라는 고대 이스라엘의
포괄적이면서 '두루뭉술한' 개념의 토라가 신약 시대에 와서
'법'이나 '율법'으로 이해된 것은 이러한 문화적 굴절을 겪었기
때문입니다.

　　따라서 어떤 법률 조항에 대해 우리가 갖는 느낌은
'우리를 가르쳐서 생명의 길로 인도한다'는 토라의 본래적인
의미와는 많이 다릅니다. 특히 율법의 행위를 통한 구원을
비판하거나 부정하는 바울 신학과 '(율법이 아니라) 오직
은혜로', '(행위가 아니라) 오직 믿음으로'의 구호를 주창한 루터
신학의 영향으로 많은 현대 개신교인들은 '율법'이라는 단어를
폐기되거나 극복해야 할 것으로 여기고 있습니다. 의義는
율법에 충실함으로써 얻어지는 것이 아니라 예수를
그리스도로 믿는 이들에게 주어지는 것이며 롬 1:16-17, 3:21-22

율법은 죄를 드러내고 롬 3:20; 7:7, 22-23, 갈 3:23 죄를 유도하는 것 롬 5:20, 7:8-11으로 여겨집니다. 그런데 예수님의 말씀에 따르면 율법에 대해 부정적으로 볼 수만은 없어 보입니다.

> 내가 율법이나 선지자를 폐하러 온 줄로 생각하지 말라.
> 폐하러 온 것이 아니요 완전하게 하려 함이라. 진실로
> 너희에게 이르노니 천지가 없어지기 전에는 율법의 일점
> 일획도 결코 없어지지 아니하고 다 이루리라 (마 5:17-18).

예수님의 '율법'과 바울의 '율법' 사이의 간극을 메꾸어 하나로 연결하려는 시도는 이천 년의 기독교 역사에서 수도 없이 이루어져 왔습니다. 그러나 기표 significant 가 같다고 기의 signifié 도 같은 것은 아닙니다. 중요한 것은 예수님께서 '율법'이라는 단어(기표)를 썼을 때 어떤 의미(기의)로 말씀하셨는가 하는 것입니다.

예수님의 '율법' 이해

마태복음 5장에서 예수님이 율법의 예로 든 것은 다음과 같습니다. "살인하지 말라",21절 "간음하지 말라",27절 "눈은 눈으로, 이는 이로 갚으라",38절 "네 이웃을 사랑하고 네 원수를 미워하라."43절 그러나 예수님은 구약의 율법에서 멈추는 것이

아니라 한걸음 더 나아갈 것을 가르치십니다. 형제에게 화내거나 욕하지 말고 화목하라 말씀하시고,^{22-24절} 마음으로 음욕을 품지 말라 하시며,^{28절} 오른뺨을 맞거든 왼편도 대주고, 속옷을 원하면 겉옷도 벗어 주고, 오 리를 가자면 십 리를 동행하며,^{39-41절} 원수까지도 사랑하고, 자기를 박해하는 자를 위해 기도하라고^{44절} 말씀하십니다.

이러한 예수님의 명령은 율법을 지키기 어렵게 만들어 죄를 드러내려는 것이 결코 아닙니다. 여기서 중요한 것은 예수님이 '율법'이라는 단어 아래 어떤 명령들을 나열하였는가, 그리고 어떤 명령들을 언급하지 않았는가 하는 것입니다. 예수님은 율법을 말씀하시면서 안식일법이나 음식 규정, 제사법, 정결례, 할례와 같이 유대인과 이방인을 구별하는 규정에 대해서는 전혀 언급하지 않습니다. 반면에, 언급된 율법은 모두 이웃과의 관계에 관한 것입니다. 이 명령은 마태복음 19장에 등장하는 부자 청년과의 대화에서 다시 한번 반복됩니다.

> 네가 생명에 들어 가려면 계명들을 지키라. 이르되 어느 계명이오니이까. 예수께서 이르시되 살인하지 말라, 간음하지 말라, 도둑질하지 말라, 거짓 증언 하지 말라, 네 부모를 공경하라, 네 이웃을 네 자신과 같이 사랑하라 하신 것이니라(마 19:17-19).

율법 중 어느 계명이 큰지를 묻는 율법사에게 예수님께서는 하나님을 사랑하고 이웃을 사랑하는 것이라고 말씀하십니다. 마22:35-39 구약의 핵심은 곧 율법의 이 두 계명이라는 것이 예수님의 율법 이해입니다.마22:40

　　반면에 바울이 율법의 행위를 언급하면서 드는 예들은 할례나 정결례, 음식 규정과 같은 것입니다. 바울에게 이런 율법 규정들은 유대인과 이방인을 구분 짓고 차별하는 규정이었을 뿐입니다. 바울은 이러한 '율법'이 아닌 차별을 뛰어넘는 '사랑'으로써 우리가 하나님의 사람임을 입증할 수 있다고 말합니다. 한마디로 요약하자면(이렇게 단순화하는 것이 가능하다면), 바울이 '율법이 아니라 사랑이다'라고 외칠 때, 예수님은 '율법은 곧 사랑이다'라고 말씀하고 계시는 것입니다. 바울이 말한 '율법이 아닌 사랑'과 예수님께서 말씀하신 '율법이 곧 사랑'이라는 가르침은 서로 모순되지 않습니다. 예수님이 말씀하시는 '율법'과 바울이 언급하는 '율법'의 정의가 다를 뿐입니다. 결국 사랑, 즉 형제를 사랑하는 것을 넘어 우리와 다른 이들까지도 사랑하는 것이 우리를 생명으로 인도하는 토라의 가르침인 것입니다.

תּוֹרָה 토라

에흐예 아쉐르 에흐예 אֶהְיֶה אֲשֶׁר אֶהְיֶה

종교개혁 이후 지난 500년간 이어져 온 '믿음[피스티스
(πίστις)]의 시대'에서 가장 중요한 질문은 '하나님을 믿는가,
믿지 않는가'에 관한 것이었습니다. 그리고 그다음에 물어야
할, 어쩌면 더 중요한 질문은 '대체 어떤 하나님을 믿는가'
하는 것입니다. 자신이 믿는 하나님을 어떤 하나님으로
이해하는가는 그 신앙이 어떤 신앙인지를 결정합니다. '사랑과
은혜의 하나님', '신실하신(한결같고 변함없으신) 하나님' 혹은
'의로우신(정의와 심판의) 하나님' 등 우리가 사용하는 하나님에
대한 수식어는 자신의 믿음을 표현하는 신앙고백입니다.
그렇기 때문에 '나는 어떤 하나님을 믿는가' 하는 것은
하나님을 믿는 신앙인들이 항상 스스로에게 끊임없이
되물어야 하는 질문입니다.

79

"스스로 있는 자" 혹은 "나는 곧 나다"

성경에는 하나님께서 자신을 직접 소개하는 표현이
등장합니다. '에흐예 아쉐르 에흐예'(אֶהְיֶה אֲשֶׁר אֶהְיֶה)는 그
대표적인 구절입니다. 출 3:14 '에흐예'(אֶהְיֶה)는 히브리어에서
가장 흔하게 쓰이는 동사 중 하나인 '하야'(היה) 동사의 1인칭
형태입니다. 이 동사는 '있다', '존재하다'라는 의미와 두
단어를 연결하는 계사繫辭로 쓰여 '-이다'라는 뜻을 내포하고
있는 단어입니다. 영어의 be 동사와도 유사하다고 할 수
있겠습니다.

> 하나님이 모세에게 이르시되 나는 스스로 있는
> 자이니라(개역개정).
> 하나님이 모세에게 대답하셨다. "나는 곧 나다"(새번역).

많은 성도들에게 알려진 개역개정의 "스스로 있는 자"
라는 번역은 이 단어의 '있다', '존재하다'라는 의미를 강조한
것이고 새번역의 "나는 곧 나다"라는 번역은 '-이다'라는
후자의 의미를 강조한 것입니다. 사실 이 두 번역 모두
에흐예와 관계사, 그리고 또다시 에흐예로 연결되는 이 이상한
문장을 충실히 반영한 번역으로 보기는 어렵습니다.
히브리어를 비롯해 여러 셈족어를 오랫동안 공부한 저로서도
이 문장을 어떻게 이해하고 번역해야 할지 무척 난감합니다.

영어로 직역하면 'I am that I am'인데, 이 영어 문장을 보고 그 의미가 '나는 스스로 존재한다'라고 이해하는 사람이 과연 얼마나 있을까요? 만약 '나는 곧 나다'라고 말하고 싶다면 그냥 'I am I'로 표현하면 그만이지 관계사가 그 안에 들어가야 할 이유는 없습니다.

어찌 보면 말장난 같기도 하고 수수께끼 같기도 합니다. 이 표현은 표현 자체도 너무나 특이한 데다 성경 전체에서도 한 구절에만 등장하기 때문에 성경 해석자의 관심을 한 몸에 받았습니다.

에흐예 아쉐르 에흐예를 그것이 존재하게 된 원인이 존재하지 않는 '제일 원인'으로서의 "스스로 있는 자"로 이해하든, 하나님을 다른 것에 빗대어 설명할 필요가 없다는 의미를 내포하여 "나는 곧 나다"라고 해석하든, 이 두 해석은 모두 하나님의 '유아독존'唯我獨尊적 성격을 강조합니다. 신학적 표현으로는 '절대타자'Absolute Other라고 합니다. 이처럼 모든 피조물을 창조하신 분으로서, 다른 무엇인가에 의해 창조된 분이 결코 아니라는 이해는 하나님을 피조세계 너머에 위치시킵니다. 하나님을 설명하거나 이해할 때 그분을 어떤 피조물에 빗대어 설명하는 것은 신성모독으로 여겨지기까지 합니다. '하나님은 하나님이시다'라는 표현 외에 달리 어떠한 인간의 언어로 하나님을 표현할 수 있겠습니까?

하나님이 누구신지를 묻는 모세의 질문에 대한 하나님의

이 이상한 대답은 기독교 역사에서 수도 없이 논의될 정도로
상상력을 자극하는 표현이면서, 모든 피조물과 피조세계 위에
거하시는 하나님의 위대하심과 그분의 신비를 나타내기에
적합한 표현으로 거론되어 왔습니다. 그런데 선지서와 성문서,
복음서와 서신서를 막론하고 출애굽기 이후의 그 어떤 성경도
이 표현을 다시 인용하거나 그 구절의 의미를 설명하지
않습니다. 이 표현이 하나님을 설명하는 핵심적인 표현이라면
성경에 왜 다시 등장하지 않았을까요?

아브라함의 하나님, 이삭의 하나님, 야곱의 하나님

에흐예 아쉐르 에흐예 외에도 성경에는 하나님께서 자신을
나타내시는 표현이 또 하나 등장합니다. 너무 흔하고 익숙한
표현이어서 아무런 신비감을 주지 못하는 신명神名입니다. 바로
"아브라함의 하나님, 이삭의 하나님, 야곱의 하나님"출 3:15
이라는 표현입니다. 피조세계 너머에 계신 하나님이 자신이
지으신 피조물의 이름을 앞세워 자신을 표현하시는 것입니다.
"스스로 있는 자" 혹은 "나는 곧 나다"라는 멋진 표현 뒤에
나오기에는 많이 빈약하고 초라해 보입니다. 창세기가
증언하는 아브라함, 이삭, 야곱이 이상적인 신앙인의 모습을
보였다면 좀 이해가 될 듯도 한데, 이들 '믿음의 조상들'은
사실 그렇게 훌륭한 믿음의 사람들이 아니었습니다. 이들은

자기 목숨을 부지하겠다고 아내를 팔아넘기거나 타인을
속여서 이득을 취했던 사람들입니다. 특히 '이스라엘'이라는
이름의 기원이 되는 야곱은 그야말로 겁쟁이였습니다. 딸의
복수를 하고 돌아온 아들들에게 '너희 때문에 내가 죽게
생겼다'고 벌벌 떠는 모습을 보여주기까지 했으니 말입니다.
^{창 34:30} 그는 말년까지도 자신의 배고픔과 자신의 목숨이 더
우선인 사람이었습니다. ^{창 43:2, 12-14}

　　그런데 그 무엇과도 비교할 수 없는 위대하신 하나님이
이렇게도 부족한 사람들의 하나님으로 자신을 나타내십니다.
그리고 "아브라함의 하나님, 이삭의 하나님, 야곱의 하나님"
이라는 이름을 두고 하나님의 "영원한 이름"이자 "대대로
기억할 나의 칭호"라고 덧붙이십니다.

> 하나님이 또 모세에게 이르시되 너는 이스라엘 자손에게
> 이같이 이르기를 너희 조상의 하나님 여호와 곧 아브라함의
> 하나님, 이삭의 하나님, 야곱의 하나님께서 나를 너희에게
> 보내셨다 하라. 이는 나의 **영원한 이름**이요 **대대로 기억할
> 나의 칭호**니라. 너는 가서 이스라엘의 장로들을 모으고
> 그들에게 이르기를 여호와 너희 조상의 하나님 곧
> 아브라함과 이삭과 야곱의 하나님이 내게 나타나 이르시되
> 내가 너희를 돌보아 너희가 애굽에서 당한 일을 확실히
> 보았노라(출 3:15-16).

하나님은 '에흐예'의 변형으로 볼 수 있는 "여호와"(혹은 야훼)
라는 이름을 "아브라함의 하나님, 이삭의 하나님, 야곱의
하나님"이라는 호칭과 연결시킵니다.

모든 것을 창조하신 하나님은 이 피조세계로부터 자신을
얼마든지 분리할 수 있습니다. 절대타자로서 그 어떤
피조물과도 분리된 채 홀로 존재하실 수 있는 분이시며,
미물과 같은 인간이 살아가는 시간과 역사의 영역에 굳이 발을
담그지 않으셔도 되는 분입니다. 그러나 성경이 증언하는
하나님은 결코 유아독존 하시는 절대타자가 아닙니다.

창세기 3장의 아담과 하와의 타락으로 하나님과 인간의
관계는 단절되었다는 신학적 진술은 수정되어야 합니다.
성경은 인간의 '타락' 이후에도 끊임없이 인간의 삶에
개입하시고 역사 속으로 틈입하시는 하나님을 증언합니다.
하나님은 선악과를 먹은 아담과 하와에게도 나타나시고,
동생을 죽인 가인에게도 말씀하시며, 계속해서 죄를 짓는
이스라엘 백성을 내버려두시지 않고 끊임없이 돌이킬 것을
채근하시는 분입니다. 하나님께서 창조하신 인간은 죄를 지어
타락했지만, 그럼에도 하나님은 타락한 인간과의 관계를
단절하지 않으십니다.

그런즉 그들이 그들의 원수들의 땅에 있을 때에 내가
그들을 내버리지 아니하며 미워하지 아니하며 아주 멸하지
아니하고 그들과 맺은 내 언약을 폐하지 아니하리니 나는

여호와 그들의 하나님이 됨이니라(레 26:44).

사람들을 내버리지 않고 이토록 그들과 함께하시는 이유에
대해 하나님께서는 당신이 '그들의 하나님'이기 때문이라고
말씀하십니다. 이스라엘의 하나님이시며 아브라함의 하나님,
이삭의 하나님, 야곱의 하나님이시기 때문입니다.

　스스로 계실 수 있는 분이 홀로 계시기를 원치 않으시고
자신의 피조물인 아브라함과 이삭, 야곱과의 관계 속에서
자신을 나타내십니다. 가장 높은 곳에 계신 분께서 끊임없이
이 세상에 개입하시기로 결심하십니다. 하나님께서는 모든
것을 독단적으로 결정하실 수 있는 분임에도, 인간에게
질문하시고 반응을 기다리시며, 인간과 대화하시고 때로
인간에게 설득을 당하기도 하십니다. 이처럼 인류 역사상 단
한 번도 하나님과 인간 사이의 관계가 끊어진 적이 없다는
것이 성경의 증언입니다. 하나님께서는 자신이 창조한 이
세상을 너무도 사랑하셔서 기어이 사람의 모습으로 스스로를
드러내십니다. '아브라함의 하나님, 이삭의 하나님, 야곱의
하나님'이라는 칭호는 우리와 함께하시는 '임마누엘'(עִמָּנוּ אֵל)의
하나님을 나타내는 또 다른 이름입니다.

אֶהְיֶה אֲשֶׁר אֶהְיֶה

에흐예 아쉐르 에흐예

히브리어에 반영된
인간 이해

2

아담 口잣

붉은 흙으로
만들어진 존재

아담은 성경에 기록된 최초의 인간입니다. 성경은 그가 어떻게
생겼는지에 대해 침묵합니다. 키가 큰지, 팔등신인지, 조각
미남인지 우리는 알 수 없습니다. 다음 그림은 시스티나 성당
천장에 그려진 미켈란젤로의 벽화 중 일부입니다. 어떤 느낌이
드시나요?

　이와 같은 작품에 나타난 아담의 모습은 성경에 근거한
것이 아니라 작가의 상상력의 산물입니다. 그렇다면 성경은
아담의 외모에 대해 아무것도 알려 주지 않는 것일까요? 사실
성경에 아담의 외모에 대한 언급이 전혀 없는 것은 아닙니다.
유일한 단서가 하나 있습니다. 바로 그의 '피부색'에 관한
것입니다.

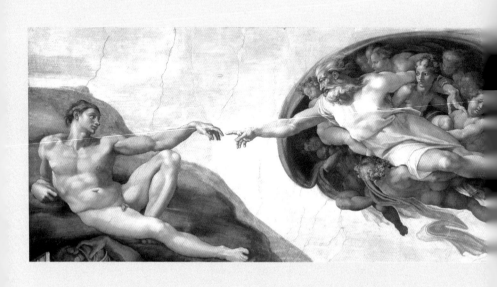

미켈란젤로 부오나로티(Michelangelo Buonarroti, 1475-1564),
「아담의 창조」(Creazione di Adamo), 1511.

아담(אָדָם)의 의미

성경에서 '아담'(אָדָם)이라는 단어는 크게 세 가지 의미로
사용됩니다. 첫 번째 의미는 '남자와 여자'를 모두 포괄하는
창세기 1장의 아담입니다.

> 하나님이 이르시되 우리의 형상을 따라 우리의 모양대로
> 우리가 **사람**(아담)을 만들고 그들로 바다의 물고기와 하늘의
> 새와 가축과 온 땅과 땅에 기는 모든 것을 다스리게 하자
> 하시고 하나님이 자기 형상 곧 하나님의 형상대로 **사람**(아담)
> 을 창조하시되 남자와 여자를 창조하시고(창 1:26-27).

창세기 1:26-27에서 사용된 아담은 남자와 여자를 모두
포함하는 개념이기 때문에 '사람'으로 번역하는 것이
적절합니다. 이를 포함해 창세기 1장의 아담은 어떤 특정한 한
사람을 가리키기보다 하나님께서 창조하신 '인류 전체'를
뜻한다고 볼 수 있습니다.

반면에 창세기 2장의 아담은 개체로서의 '남자'를
가리킵니다. 땅을 가꾸는 농사꾼의 역할이 이 아담에게
주어지는데 [창 2:5,15] 이는 고대 이스라엘 사회에서 남자에게
부여된 역할이었습니다. 또한 이 아담에게서 여자가 새로이
'창조'되었기 때문에 [창 2:22] 창세기 2장의 아담은 '남자'로
번역되는 것이 타당해 보입니다. 게다가 창세기 2장의 아담은

정관사와 함께 쓰이므로 보통명사로 보는 것이 맞습니다.

마지막으로 창세기 4장1,25절과 5장1,3-5절 그리고 역대상 1장1절에서 사용된 아담은 사람 이름을 나타내는 고유명사입니다. 이때에는 정관사 없이 쓰였는데, 이러한 경우에는 아담을 사람 이름으로 해석할 수 있겠습니다.

히브리어에서 하나의 단어가 보통명사와 고유명사로 모두 쓰이는 경우는 적지 않습니다. 보통명사 가운데서도 추상명사가 신들의 이름이나 별칭으로 쓰이는 경우도 어렵지 않게 찾아볼 수 있지요.

아담의 어원

히브리어 아담은 '알레프-달렛-멤'(אדם)이라는 어근에서 유래했습니다. 히브리어의 어근은 이처럼 세 개의 자음으로 구성되는데, 이렇게 구성되는 어근은 '의미'를 이루는 뿌리가 됩니다. '아담'의 뿌리가 되는 이 어근은 '붉다', red, reddish '검붉다' brown-reddish는 의미를 내포하고 있지요. 이는 동사로 쓰여 붉은 산호를 가리키거나애 4:7 붉은 물을 들인 숫양의 가죽출 25:5, 26:14, 35:7, 23, 36:19, 39:34을 나타내기도 했습니다. 또한 이사야서의 잘 알려진 구절 "너희의 죄가 진홍같이 **붉을지라도** 양털같이 희게 되리라"사 1:18에서도 '알레프-달렛-멤'이 동사로 사용되었습니다.

92

팀나 계곡의 두 가지 다른 토양

붉은색 땅을 일컫는 단어 역시 같은 어근에서 유래한 '아다마'(אֲדָמָה)입니다. 일반적으로 땅을 가리키는 '에레츠'(אֶרֶץ)와 달리 아다마는 농사를 지을 수 있는 비옥한 땅을 가리킵니다. 고대 가나안에 살던 사람들에게 토양은 크게 두 가지, 곧 희고 옅은 땅과 붉은 땅으로 나뉩니다. 이 두 토양의 가장 큰 차이는 농사를 지을 수 있는 땅인가, 그렇지 않은가, 하는 것이었지요. 옅은 색 토양은 식물이 자라기 어려운 사막인 데 반해 붉은색 땅은 옥토입니다.

앞의 두 사진을 비교해 보면, 아래쪽 사진의 토양이 확연하게 붉은 것을 알 수 있습니다. 두 사진 모두 이스라엘 남부의 팀나 계곡에서 촬영되었습니다. 두 가지 색깔의 토양이 공존하는 곳이지요. 이런 붉은 토양은 사막과는 달리 비옥해서 농작물이 잘 자랄 수 있었습니다.

고대 이스라엘인들은 땅(아다마)이 붉게 물든 이유를 옅은 토양이 '피'[담(דָּם)]를 머금고 있기 때문이라고 여긴 듯싶습니다. 생명이 피에 있기 때문에 피를 머금은 땅이 생명을 자라게 할 수 있다고 생각한 것입니다. 이와 같은 사고방식은 더욱 확장되어 남보다 더 붉은 피부를 가진 이들은 강인하고 뛰어난 사람의 상징이 되었습니다. 이러한 맥락에서 다윗 삼상 16:12, 17:42 과 에서 창 25:25 의 붉은 피부를 묘사할 때 쓰인 단어가 바로 '아드모니'(אַדְמוֹנִי)입니다.

그렇다면 우리가 처음에 살펴본 미켈란젤로의 그림에서 어디가 잘못되었는지 아시겠지요? 아담의 피부색이 너무

밝다는 것입니다. 최초의 인간 아담은 붉은색 피부를 가졌고 그것은 농사를 지을 수 있는 비옥한 땅(아다마)의 색깔과 같았습니다. 그래서 창세기는 아담이 아다마에서 왔다고 말하는 한편,창 2:7 그가 돌아갈 곳 역시 아다마라고 말하는 것입니다.

너는 흙이니 흙으로 돌아갈 것이니라(창 3:19).

אָדָם 아담

이쉬 אִישׁ 와 잇샤 אִשָּׁה

남자와 여자,
한 포기 풀과 같은 존재

성경이 기록된 고대 이스라엘은 지금 우리가 사는 21세기보다
훨씬 남성 중심적인 가부장제 사회였습니다. 이집트 땅을
탈출한 이스라엘 백성의 수를 셀 때에도 여성은 포함되지
않았으니까요.

사사 드보라나 선지자 훌다처럼 드물게나마 여성
지도자들이 존재하긴 했습니다만, 여성은 왕이 될 수도
제사장이 될 수도 없었습니다. 그렇다면 히브리어의 '남자'와
'여자'라는 단어에는 이러한 배경을 둘러싼 남녀 간의 차이가
반영되어 있었을까요? 우리가 흔히 생각하는 것처럼 남자는
강하고 힘있는 존재이며 여자는 연약하고 보호받아야 할
존재로 인식되었던 것일까요?

이쉬(אִישׁ)와 잇샤(אִשָּׁה)의 어근과 의미

'남자' 혹은 '남편'을 뜻하는 히브리어 '이쉬'(אִישׁ)와 '여자'
혹은 '아내'를 뜻하는 '잇샤'(אִשָּׁה)의 어원이 무엇인지에
대해서는 아주 오랜 기간 논쟁이 있어 왔습니다. 그 이유는 두
단어가 얼핏 보기에는 비슷해도 자세히 들여다보면 여러
가지로 차이가 있기 때문입니다. 이쉬에는 중간에 '요드'(י)가
있지만 잇샤에는 없고, 또 잇샤는 '쉰'(שׁ)이 중복되어 있는데
이쉬는 그렇지 않습니다.

　두 단어의 어원이 다르다고 주장하는 이들은 두 단어의
어근을 다음과 같이 나눕니다. 이쉬의 어근은 '알레프-바브-
쉰'(אושׁ)으로 '강하다'는 의미인 반면, 잇샤의 어근은 '알레프-
눈-쉰'(אנשׁ)으로 '약하다', '부서지기 쉽다'는 의미라고
말입니다. 이렇게만 본다면, 결국 '남자는 강하고 여자는
약하다'는 결론이 나옵니다. 주로 유대 랍비들이 이러한
주장을 지지하는데, 이는 가부장적인 편견이 개입되어 있는
해석입니다.

　위의 주장에서 여자를 뜻하는 잇샤의 어근 '알레프-눈-
쉰'이 '약하다', '부서지기 쉽다'라는 점은 학자들 사이에서
합의된 견해로, 받아들일 수 있는 내용입니다. 그러나 '남자는
강하고 여자는 약하다'는 어원적 해석은 여전히 몇 가지
차원에서 문제가 있습니다.

　첫째로, 이쉬(남자)의 어근이라고 주장하는 '알레프-바브-

98

쉰'은 '강하다'는 의미가 아닙니다. '알레프-바브-쉰'의 사전적
의미는 '주다'give입니다. 명사로는 '선물'의 의미로 쓰이는
말입니다.

둘째, 이쉬의 복수형은 '아나쉼'(אֲנָשִׁים)으로, 이 단어의
어근은 잇샤(여자)의 어근과 동일한 '알레프-눈-쉰'입니다.
만약 위의 주장대로 이쉬의 어근이 '강하다'는 의미라면,
남자가 혼자 있을 때는(단수) 강하지만 여러 명이 함께 있을
때는(복수) 약하고 부서지기 쉬운 존재가 된다는 어처구니없는
결론이 나오게 됩니다.

셋째, 남녀를 포함한 일반적인 '사람'을 의미하는 말로
'에노쉬'(אֱנוֹשׁ)라는 단어가 있는데 '에노쉬' 역시 '아나쉼'이나
'잇샤'와 같이 '알레프-눈-쉰'을 어근으로 합니다. 전통적인
주장대로라면, 남자(이쉬)는 강하지만 사람(에노쉬)은 약하다는
납득하기 어려운 결론이 또다시 도출됩니다.

따라서 이쉬(남자)와 잇샤(여자), 에노쉬(사람) 모두
'알레프-눈-쉰'이라는 같은 어근에서 나왔다고 결론짓는 것이
타당합니다.

인간, 약하고 부서지기 쉬운 존재

'알레프-눈-쉰'의 어원적 의미는 앞에서 말한 바와 같이
'약하다', '부서지기 쉽다'입니다. 이 어근이 동사로 사용된

경우는 성경에 단 한 번 등장합니다.

> 우리아의 아내가 다윗에게 낳은 아이를 여호와께서 치시매
> 심히 **앓는지라**(삼하 12:15).

다윗이 자신의 충성스러운 부하 우리아를 죽이고 그의 아내를
빼앗아 얻은 아이는 약하게 태어났습니다. 개역개정이
여호와께서 우리아의 아내가 낳은 아이를 치셨다고 해석하고
있어서 아이가 태어난 후에 병들었다고 생각할 수도 있지만,
어원적인 의미에서는 태생적으로 연약하게 태어났다고 보는
것이 보다 적절한 해석입니다. 이 아이는 다윗의 금식기도에도
불구하고 일주일 만에 죽고 맙니다.

'연약한 존재'로서의 '사람'을 나타내는 에노쉬는 검붉은
흙 '아다마'(אֲדָמָה)에서 만들어진 '아담'(אָדָם)과 비슷한 의미를
지닌 평행어로 성경에서 흔하게 쓰입니다. 사 13:12; 51:12; 56:2,
욥 15:14; 25:4; 36:25, 시 73:5; 90:3; 144:3 등 이 중 몇 가지 본문을
살펴보겠습니다.

> 너는 어떠한 자이기에 죽을 사람(에노쉬)을 두려워하며
> 풀같이 될 사람(아담)의 아들을 두려워하느냐(사 51:12).

> 사람들(에노쉬)이 당하는 고난이 그들에게는 없고 사람들
> (아담)이 당하는 재앙도 그들에게는 없나니(시 73:5).

주께서 사람(에노쉬)을 티끌로 돌아가게 하시고
말씀하시기를 너희 인생들(아담)은 돌아가라 하셨사오니
(시 90:3).

이처럼 에노쉬는 진흙 알갱이인 아담과 마찬가지로 연약하고
부서지기 쉬운 인간 존재를 나타냅니다. 영어 성경에서는 주로
"mortal"로 번역되는데, 죽을 수밖에 없는 존재임을 강조하는
적절한 번역이라 할 수 있겠습니다.

히브리어의 어원적 관점에서 보면 남자도 여자도 모두
연약한 존재입니다. 모두 죽을 존재로 한 포기 풀과 같은
존재입니다. 참으로 강하신 하나님 앞에서 그 누구도 강하다고
주장할 수 없는 한 떨기 인생일 뿐입니다. 아다마의 흙으로
만들어져 부서지기 쉬운, 부서져 다시 흙으로 돌아가는
존재입니다.

אִישׁ 이쉬

אִשָּׁה 잇샤

나이가 들어간다는 것은

내 아들아, 네 아비의 훈계를 들으며 네 어미의 법을 떠나지
말라(잠 1:8).

잠언은 부모가 아들에게 들려주는 이야기의 형식을 취하고
있습니다. 여기서 중요한 점은 아들과 딸을 모두 아울러
부르지 않고 아들에게만 말을 하고 있다는 것입니다. 이를
통해 구약성경은 기본적으로 여성을 독자로 고려하고 있지
않다는 점을 알 수 있습니다. 앞서 '이쉬와 잇샤'에서도
살펴보았듯이 당시 이스라엘의 가부장적 문화에서는 여성을
교육의 대상으로 생각하지 않았습니다. 이러한 시대적 한계로
인해 고대 이스라엘의 언어문화를 21세기 대한민국에 그대로
적용할 수는 없습니다. 그래서 새번역은 남녀를 다 포함하여

"아이들아"라고 번역합니다. 시대정신을 반영한 좋은 번역이긴 하지만, 잠언의 모든 경우에 적용할 수 있는 번역은 아닙니다. 잠언의 내용 중에는 '어떤 아내가 좋은 아내인가'와 같이 남성에게만 해당되는 내용도 적지 않으니까요.

자켄(וקֵן)의 어원적 의미

'늙은'이라는 의미의 형용사이자, 명사로는 '장로'로 번역되는 '자켄'(וקֵן)은 어원적으로 '수염'과 연관이 있는 단어입니다. 긴 턱수염을 가리키는 히브리어가 바로 '자칸'(זקָן)입니다. 자켄은 자칸에서 유래한 말입니다. 이는 '늙은 사람'이란 곧 '수염이 난 사람'이며, 고대 이스라엘 사회에서는 남성만이 장로가 될 수 있었음을 의미합니다. 하지만 오랜 시간이 지나며 성경이 쓰인 당시와는 많은 것이 달라졌습니다. 이제는 나이 든 사람이라고 모두 수염을 기르는 것도 아니고, 나이 많은 남성만 사회에서 어른 대접을 받는 시대도 아닙니다. 따라서 우리는 고대 이스라엘과 지금 우리 사회가 다르다는 사실을 분명히 염두에 두고서 남성중심 사회의 언어로 되어 있는 성경 내용을 우리 시대에 어떻게 적용해야 할지 진지하게 고민해야 합니다.

그러기 전에 먼저, 고대 이스라엘 사회에서는 왜

"내 아들아"와 같은 표현을 썼는지를 살펴보겠습니다. 이러한
표현이 쓰인 것은 나이가 많은 연장자가 나이가 어린
연소자에게 하는 이야기라는 점을 부각하기 위함이었습니다.

> 내 아들아, 악한 자가 너를 꾈지라도 따르지 말라. 그들이
> 네게 말하기를 우리와 함께 가자 우리가 가만히 엎드렸다가
> 사람의 피를 흘리자 죄 없는 자를 까닭 없이 숨어
> 기다리다가 스올같이 그들을 산 채로 삼키며 무덤에
> 내려가는 자들같이 통으로 삼키자(잠 1:10-12).

이 구절은 악한 세력이 젊은 아들을 나쁜 길로 꾀려는 상황을
묘사하고 있습니다. 여기서 우리는 잠언을 이해하는 아주
중요한 가치관을 발견할 수 있습니다. 바로 '늙음'과 '젊음'
이라는 단어에 부여하는 사회문화적 가치입니다.

고대 이스라엘의 과거지향적 세계관, '앞'은 과거, '뒤'는 미래

고대 사회와 현대 사회는 이 지점에서 정반대의 관점을 가지고
있습니다. 현대인은 기본적으로 미래지향적입니다. 아이들과
젊은이들에게 너희 '앞'에 창창한 미래가 있다고 말하곤
하지요. 이 말은 현대 사회가 미래를 향해 있음을 의미합니다.

반면, 과거지향적인 세계관 속에서 살아가는 고대
이스라엘인들의 시선은 과거를 향해 있었습니다. '께뎀'(קֶדֶם)은
이와 같은 히브리적 사고를 잘 드러내는 단어입니다. 동쪽을
가리키면서 동시에 앞쪽을 가리키는 말이지요. 다음은 께뎀이
'앞'을 나타내는 의미로 쓰인 경우입니다.

> 노래 부르는 자들은 **앞서고** 악기를 연주하는 자들은
> 뒤따르나이다(시 68:25).

> 그들은 다 강포를 행하러 오는데 **앞을 향하여 나아가며**
> (합 1:9).

동시에 께뎀이 시간적인 의미로 쓰일 때는 과거를 나타냅니다.
즉, 고대인들은 과거를 앞에 놓인 것으로 여겼습니다.

> 내가 **이전에** 다시스로 도망하였사오니(욘 4:2, 저자 사역).

> 내가 날이 밝기 **전에** 부르짖으며 주의 말씀을 바랐사오며
> (시 119:147).

요나 4:2의 '키담티'(קִדַּמְתִּי)를 개역개정은 "빨리"로, 새번역은
"서둘러"로, 쉬운성경과 현대인의 성경은 "급히"로
번역하였습니다. 이는 문맥적으로는 가능하나 어원의 의미에

충실한 번역은 아닙니다. 영어 성경의 여러 판본 중 KJV는
같은 표현을 "before"로, CEB는 "earlier"로, NRSV는 "at the
beginning"으로 번역하고 있는데 이러한 해석이 보다 어원의
의미에 상응하는 번역이라 할 수 있습니다. 따라서 이 본문은
"내가 이전에 다시스로 도망하였사오니"로 번역하는 것이
좋습니다.

　　과거를 향해 서 있기 때문에 미래는 뒤에 놓이게 됩니다.
창세기 9:9의 "내가 내 언약을 너희와 너희 후손과
(세우리니)"에서 "후손"의 히브리어 원어는 '너희 뒤에 오는
너희의 씨앗'으로 직역할 수 있습니다. 선조들이 과거를 향해
서 있기 때문에 후손들은 뒤에 위치하게 되는 것이지요.
　　미래지향적인 현대인에게 '영원'이라는 단어는
일차적으로 아주 먼 미래를 상상하게 만듭니다. 하지만 '영원'
이라는 뜻을 가진 히브리어 '올람'(עוֹלָם)의 본 뜻은 '아주 먼
과거', '태곳적'에 해당합니다. 신명기 32:7은 올람의 본 뜻을
잘 나타내는 구절입니다.

　　옛날을 기억하라. 역대의 연대를 생각하라. 네 아버지에게
　　물으라. 그가 네게 설명할 것이요 네 어른들에게 물으라.
　　그들이 네게 말하리로다(개역개정).

　　아득한 옛날을 회상하여 보아라. 조상 대대로 내려온 세대를

생각하여 보아라. 너희의 아버지에게 물어보아라. 그가
일러줄 것이다. 어른들에게 물어보아라. 그들이 너희에게
말해 줄 것이다(새번역).

여기서 "옛날"(개역개정), "아득한 옛날"(새번역)로 번역된 단어가
바로 올람입니다. 사람들이 과거를 향해 서 있는 세계에서는
과거를 기억하는 것이 아주 중요한 의무입니다. 그래서
신명기는 올람(옛날)에 더 가까이 서 있는 부모 세대와
조상들에게 과거에 대해 물어보라고 가르칩니다. 지혜가
과거에 있기 때문입니다.

'늙음'의 가치

미래지향적인 문화권이 갖는 '늙음'의 가치와 과거지향적인
세계관이 바라보는 '늙음'의 가치는 전혀 다릅니다. 미래를
향하는 가치관에 더해 '효용'을 중시하는 시대적인 상황까지
더해져 현대 사회에서 나이가 들어간다는 것은 곧 '뒤쳐짐'과
'퇴보', '쓸모 없음'을 뜻하게 되었습니다. 이런 사회에서는
늙을수록 존재 '가치'를 잃어갑니다. 그런 탓에 현대인들은
늙어가는 과정을 늦추기 위해 최선을 다하고 '노화'에는 '대책'
이, '노후'에는 '대비'가 필요하게 되었습니다.
　반면에 과거지향적인 세계에서 나이가 들어가는 것은

경험이 많아지고, 더욱 지혜로워지고, 하나님의 뜻을 더 잘 알게 되는 것을 의미합니다. 다음의 성경 본문은 미래지향적인 관점으로는 온전히 이해할 수 없는 구절입니다.

아브라함이 나이가 많아 늙었고 여호와께서 그에게 범사에 복을 주셨더라(창 24:1).

아브라함이 후처를 맞이하였으니 그의 이름은 그두라라. 그가 시므란과 욕산과 므단과 미디안과 이스박과 수아를 낳고(창 25:1-2).

현대인의 관점에서 보면 '늙어가는 것'과 '하나님의 복'을 연결하기는 쉽지 않습니다. 이런 탓에 25:1의 구절 역시 아브라함이 나이가 많이 '늙었음에도 불구하고' 후처를 맞이한 것으로 이해되기 쉽습니다. 하지만 고대인에게 늙어가는 것은 하나님께서 주시는 복이었습니다. 과거지향적 관점에서 나보다 더 늙은 사람은 나보다 '앞에 서 있는' 사람이고 나보다 더 지혜로운 사람을 의미합니다. 나이 든 사람이 창조세계의 패턴과 규범을 더 많이 경험했으며 더 잘 이해하고 있기 때문입니다. 잠언 1:8의 "내 아들아, 네 아비의 훈계를 들으며 네 어미의 법을 떠나지 말라"는 말씀은 이러한 과거지향적 세계관 속에서 이해되어야 합니다.

여기서 "아들"로 상징되는 젊은이는 아직 성년에 이르지 못한, 그래서 아직 지혜에 다다르지 못한 존재를 나타냅니다.
아직 완성단계에 이르지 못한 청년은 어디로 튈지 모릅니다.
그래서 잠언은 이 젊은이를 가운데 두고 지혜의 세력과 그에
반하는 세력(무지, 악인, 음녀)이 서로 데려가려고 다투는 구도를
형성합니다. "내 아들아, 악한 자가 너를 꾈지라도 따르지
말라"잠1:10는 구절은 과거지향적 세계관이 젊음을 어떻게
이해하고 있는지를 잘 보여줍니다.

　아무리 사회가 많이 바뀌었다고는 하지만 여전히 우리
시대에도 고대인들의 과거지향적 세계관이 깊은 곳에 흐르고
있습니다. '자식은 부모의 등을 보고 큰다'는 말은 여전히
유효합니다. 제 삶의 가장 큰 스승도 아버지와 어머니입니다.
한 살 더 나이가 드는 것은 하나님께 한 발 더 가까이 가는
것을 의미합니다. 그렇기에 나이가 들어가는 것을 점차
지혜로워지는 것으로 이해할 수 있겠지요. 나이 든 사람은
뒤따라오는 젊은이들에게 "나는 하나님을 향해 가고 있으니
너희는 나를 잘 따라오라"고 말할 수 있는 사람입니다. 그렇게
말할 수 있는 사람이어야 합니다.

꾸인 자켄

바브 1

> "검으나 아름다우니"
> vs. "검어서 예쁘단다"

히브리어는 조금 단순한 언어입니다. 단어와 단어, 문장과
문장 사이를 연결하는 접속사가 발달하지 않았다는 점에서
그렇습니다. 영어나 독일어, 그리스어, 그리고 라틴어 등과
비교했을 때, 히브리어는 '그리고', '그러나', '그런데',
'그러므로' 등 단어나 문장 사이의 연결 관계가 대등적인지,
반어적인지, 혹은 인과적인지를 명확히 하는 논리적 연결사를
그리 정교하게 발전시키지 않았습니다.

히브리어 접속사 바브(1)

히브리어에서는 접속사 바브(1) 하나가 '그리고', '그러나',

'그러므로'로도 번역될 수 있습니다. 이것을 문법적인 언어로 표현하자면, 히브리어 접속사 바브(ו)는 A와 B 사이를 연결하되(A와 B는 단어일 수도, 구일 수도, 문장일 수도 있습니다) 둘 사이의 관계는 명시하고 있지 않은 접속사라고 정의할 수 있겠습니다.

창세기 앞부분에 나오는 몇 가지 예를 들어 보면, "하늘**과** 땅",창1:1 "땅이 혼돈**하고** 공허**하며** 흑암이 깊음 위에 있**고**",창1:2 "궁창 아래의 물**과** 궁창 위의 물로"창1:7 등 접속사 바브를 '그리고'and로 번역한 수많은 예를 찾아볼 수 있습니다.

"동산 각종 나무의 열매는 네가 임의로 먹**되** 선악을 알게 하는 나무의 열매는 먹지 말라",창2:16-17 "여호와께서 아벨과 그의 제물은 받으셨**으나** 가인과 그의 제물은 받지 아니하신지라",창4:4-5 "**그러나** 노아는 여호와께 은혜를 입었더라."창6:8 이렇게 접속사 바브를 대립적인 의미의 '그러나'but로 번역한 경우 역시 '그리고'만큼의 빈도는 아니지만 결코 적지 않습니다.

아가 1:5의 해석 문제

하나의 접속사가 다양한 의미를 가질 수 있는 것은 히브리어가 '상황적인'contextual 언어이기 때문입니다. 상황 곧 문맥 속에서 비로소 접속사의 의미가 파악됩니다. 그러므로 히브리어를

이해할 때는 문맥을 파악하는 해석자의 판단이 아주
중요해집니다. 해석자가 어떻게 보느냐에 따라 그 의미가 전혀
달라질 수 있기 때문입니다. 그 대표적인 예가 아가 1:5입니다.
아가서의 화자 중 술람미 여인이 자신의 외모를 묘사하는
장면입니다.

שְׁחוֹרָה אֲנִי וְנָאוָה (쉐호라 아니 베나바)

'쉐호라'(שְׁחוֹרָה)는 '(피부색이) 검다'는 뜻이고, '아니'(אֲנִי)는 '나',
그리고 접속사 바브 다음 등장하는 '나바'(וְנָאוָה)는 '예쁘다',
'아름답다'는 뜻입니다. 이 문장을 풀어보면 다음과 같습니다.

나는 + 검다 + 접속사(바브) + 아름답다

'검다'와 '아름답다' 사이를 연결하는 접속사 바브의 의미는
무엇일까요? '그리고'일까요, '그러나'일까요? 여기서
해석자의 판단이 중요해집니다. 먼저 대표적인 우리말
번역들을 함께 살펴보겠습니다.

내가 비록 검으나 아름다우니(개역개정).
나 비록 가뭇하지만……귀엽다는구나(공동번역).
내가 비록……검지만……아름답습니다(쉬운성경).
나는 비록 검지만 아름답단다(현대인의 성경).

나 비록 가뭇하지만 어여쁘답니다(가톨릭성경).

위의 번역들은 표현은 조금씩 다르지만 공통적으로 '검다'와
'아름답다'를 반어적, 대립적 관계로 이해하고 있습니다.
히브리어 원문에는 없는 "비록"이라는 부사를 첨가하여 두
형용사 사이가 반대 개념이라는 것을 강조하고 있기도 합니다.
영어 번역도 상황은 비슷합니다.

> I am black but lovely(NASB1995, NJB).
>
> I am very dark, but lovely(ESV).
>
> I am black, but comely(KJV, JPS, TNK).

여기서 질문입니다. 왜 번역자들은 '검다'와 '아름답다' 사이의
접속사 바브를 '그러나'로 이해했을까요? 혹시 검고 짙은
피부가 아름답지 않다는 선입견이 반영된 것은 아닐까요?
　번역 작업에서 역자 개인의 사고와 가치관이 지대하게
영향을 미친다는 점은 성경 번역에 있어서도 다르지 않습니다.
이는 그다음 구절 "게달의 장막 같을지라도 솔로몬의 휘장과도
같구나"아1:5에서도 드러납니다. "게달의 장막"은 검고 못난
유목민의 텐트를 가리키는 것이고, "솔로몬의 휘장"은
아름다운 성전의 장식을 상징하는 것으로 표현하며 두 단어를
대립시킵니다.
　그러나 개역개정의 "같을지라도"는 번역자가 첨가한

부분입니다. 원어는 '게달의 장막처럼, 솔로몬의
휘장처럼'(כְּאָהֳלֵי קֵדָר כִּירִיעוֹת שְׁלֹמֹה)입니다. 영어 번역 성경들도
대부분 "Like the tents of Kedar, like the curtains of
Solomon"(NASB, ESV, NRSV) 혹은 이와 비슷하게 번역하고
있습니다. 이 두 구문은 접속사로 이어진 것이 아니며, 이럴
경우 이 두 가지는 비슷한 의미를 가진다고 보는 것이 타당한
해석입니다. 즉, 게달의 장막과 솔로몬의 휘장은 둘 다 색깔이
어두우면서 아름다운 것을 지칭하는 것입니다.

아가서가 쓰여진 시대에 미추를 구분하던 기준을
고려하더라도 '바브'를 반대 개념을 연결하는 역접의 의미로
보기는 어렵습니다.

해가 뜨기 전 짙은 어둠을 가리키는 어근 '샤하르'
(שׁחר)는 아가서에서 두 번 더 쓰입니다. "머리는 순금 같고
머리털은 고불고불하고 까마귀같이 검구나(שְׁחֹרוֹת)"
5:11 라는 표현으로 남성의 아름다운 검은 곱슬머리를 가리킬
때와, "아침 빛(שַׁחַר)같이 뚜렷하고"6:10 에서처럼 아름다운
여성을 묘사할 때 사용되었습니다. 여기서 "아침 빛"으로
번역된 샤하르는 아침에 떠오르는 해를 가리키는 것이 아니라
해가 뜨기 이전의 '맑고 캄캄한' 새벽 하늘을 가리키는
말입니다. 즉, 두 경우 모두 샤하르는 검고 아름다운 것을
나타냅니다.

116

아가 1:6에 대한 새로운 이해

개역개정은 아가 1:6에서 술람미 여인이 포도원을 지키느라 햇볕에 그을려 검어진 피부를 갖게 된 것을 부끄러워한다고 해석합니다.

> 내가 햇볕에 쬐어서 거무스름할지라도 흘겨보지 말 것은 내 어머니의 아들들이 나에게 노하여 포도원지기로 삼았음이라.

그런데 이 해석은 술람미 여인이 포도원을 지키지 않았다는 점에서 문제가 있습니다. 6절의 하반절에서 "나의 포도원을 내가 지키지 못하였구나"라고 진술하기 때문입니다. 포도원에서 일하지 않았는데 어떻게 햇볕에 탄 검은 피부를 갖게 된 걸까요? 이 본문은 전혀 다르게 해석할 수 있습니다.

> 내 남자형제들이 내게 화가 나 그들이 나를 포도원지기로 삼아서, 그로 인해 햇볕에 그을려 내 피부가 검어졌다고 생각하지 말아 주세요(אַל־תִּרְאוּנִי). 나는 포도원을 지키지 않았습니다(저자 사역).

아가 1:6은 여인이 자신의 검고 아름다운 피부가 햇볕에 그을린 것이 아닌 본래 타고난 것으로 자랑하는 장면이라고

이해할 수 있습니다. 한 가지 덧붙이자면, 이 여인이 사랑하는
남성은 양과 염소를 치는 목자로 묘사되고 있습니다.아 1:7-8 이
남자의 피부 색깔 역시 여인의 검은 톤과 그리 다르지 않았을
것입니다.

사실 우리는 고대 이스라엘 사회에서 백옥같이 하얀
피부가 미의 표본이었을지, 아니면 건강한 구릿빛 피부가
아름답다고 받아들여졌을지 알지 못합니다. 다만, 수천 년
전에 그 땅에 살았던 사람들의 피부색은 지금 이스라엘에
거주하는 유대인들의 피부색과는 많이 달랐을 것입니다.
앞에서 살펴본 바와 같이 검붉은색 땅인 '아다마'가 농사를
지을 수 있는 비옥한 토양을 의미하고, 그 아다마의 흙으로
'아담'이라는 검붉은 피부의 인간이 만들어졌는데, 그렇게
생겨난 사람들이 하얀 피부를 미의 상징으로 여겼을 가능성은
희박합니다. 그들에게 옅은 색의 땅은 사람이 살 수 없는
사막과 광야를 의미했으니까요.

새로운 번역의 등장

아가 1:5에 대한 해석은 1960년대 흑인 민권 운동 African-
American Civil Rights Movement 이 일어나며 점차 변하기 시작합니다.
흑인신학자들은 "검으나 아름다우니"black but beautiful 라는
해석에 문제를 제기했습니다. 대체 왜 검은 것은 아름답지

않은가? 이러한 영향으로 새로운 번역이 등장하기 시작합니다. 1989년에 나온 NRSV가 "I am black and beautiful"로 개정하였고, 2000년 출간된 ISV도 동일하게 번역했습니다. 또한 직역을 추구하는 NASB도 2020년에 개정판을 내면서 "I am black but lovely"라는 기존의 번역을 NRSV, ISV와 같은 표현으로 수정하는 등의 움직임을 보이기도 했습니다. 그리고 2010년에 나온 CEB 역시도 아가서의 표현을 "Dark I am, and lovely"로 번역하게 됩니다.

한글 성경 중에서는 새번역이 이 본문을 "내가 검어서 예쁘단다"로 번역하며 새로운 해석의 가능성을 보여주었습니다. 이 번역은 단순히 '검다, 그리고 아름답다'black and beautiful를 넘어 '나는 검다, 그래서 아름답다' I am black, therefore, beautiful라는 한발 더 나아간 해석을 채택함으로써 "나는 검기 때문에 아름답다"라는 흑인신학자들의 해석을 적극적으로 반영했습니다.

'쉐호라 아니 베나바'라는 아가 1:5의 히브리어 원문은 영원히 변하지 않을 것입니다. 그러나 그 문장을 보는 우리의 시각이 바뀌면 같은 문장이 전혀 다르게 보입니다. 하나님의 말씀은 변하지 않습니다. 그러나 그 말씀을 듣는 우리는 변합니다. 우리가 변하면 성경은 전혀 다른 이야기를 우리에게 들려주기 시작합니다.

ן 바브

120

나비 נָבִיא

다음은 성경에 등장하는 어느 예언자에 대한 퀴즈입니다.

"이 예언자는 그의 이름이 붙은 예언서에서 단 한 번 미래를
예언합니다. 그런데 그 예언은 이루어지지 않았습니다. 이
'실패한 예언자'는 누구일까요?"

누구인지 감이 오시나요? 이 문제의 정답은 바로 요나입니다.
요나서 전체에서 그가 미래에 대해 예언한 것은
"사십 일이 지나면 니느웨가 무너지리라"욘3:4는 것이었습니다.
그러나 하나님은 마음을 바꾸셔서 요나의 예언이 이루어지지
않게 하십니다.욘3:10 이러한 사정으로 요나는 예언을 했으나
그 예언대로 이루어지지 않은 돌팔이 예언자가 되어

버렸습니다. 그런데도 그를 예언자로 부를 수 있다면 우리는
'예언자'라는 단어의 의미에 대해 다시 생각해 보아야
하겠습니다.

나비(נָבִיא)의 어원적 의미

이 시간에 다룰 히브리어 단어는 '나비'(נָבִיא)입니다.
복수형으로는 '느비임'(נְבִיאִים)이라고 합니다. 우리말 번역
성경은 이 단어를 "예언자"^{豫言者} 혹은 "선지자"^{先知者}로
번역합니다. '앞으로 다가올 일을 미리 짐작하여 말하는 사람'
이라는 뜻을 담고 있는 단어이지요. 뜻풀이를 통해 단어의
핵심이 '미래'에 있음을 알 수 있습니다.

그러나 히브리어 나비는 미래를 예언하는 것과는 거리가
멉니다. 어원적으로 나비는 같은 셈족어인 아카드어
'나부'(nabû)와 연결되어 있습니다. 나부는 '부르다'라는
의미를 내포하고 있고, 이와 연결된 히브리어 나비는 '불려진
자' 곧 '신의 부름을 받은 자'를 뜻합니다.

나비가 미래를 예언하는 것과 그리 관련이 없다는 점은 이
단어가 등장하는 성경 본문을 통해서도 알 수 있습니다. 이
단어는 창세기와 출애굽기에 각각 한 번씩 쓰이는데,
아브라함^{창 20:7}과 아론^{출 7:1}을 가리킬 때 사용됩니다.
아브라함과 아론을 미래를 예언한 사람으로 보기는

어렵습니다.

성경이 정의하는 나비(נָבִיא)의 정체성

'나비'를 어떻게 정의할 것인가 하는 문제의 해답은 성경에서
찾아야 합니다. 이사야, 예레미야, 호세아, 요엘, 아모스 등의
인물들은 모두 이 '나비'라는 하나의 카테고리로 묶이는데, 그
이유는 다음과 같습니다.

> 여호와의 말씀이 예레미야에게 임하였고(렘 1:2).
> 호세아에게 임한 여호와의 말씀이라(호 1:1).
> 브두엘의 아들 요엘에게 임한 여호와의 말씀이라(욜 1:1).
> 여호와께서 이와 같이 말씀하시되(암 1:3, 6, 9, 11, 13).

이들은 모두 하나님의 말씀이 임한 사람들이었습니다.
하나님의 말씀이 임했다는 사실은 곧 나비로서의 정체성을
드러내는 사건이었습니다.
　　다시 요나의 이야기로 돌아가 보겠습니다. 예언자를
'미래를 말하는 사람'으로 정의한다면 요나는 실패한
예언자입니다. 그러나 그는 '하나님의 말씀이 임한 자'라는
나비의 정체성에는 정확히 부합하는 사람입니다.

여호와의 말씀이 아밋대의 아들 요나에게 임하니라(욘 1:1).

여호와의 말씀이 두 번째로 요나에게 임하니라(욘 3:1).

나비를 '미래를 예언하는 자'로 볼 것이냐 아니면 '하나님의
말씀이 임한 자'로 볼 것이냐 하는 문제는 성경의 예언서 혹은
선지서를 어떠한 시각으로 보아야 하는가를 결정짓는 중요한
잣대가 됩니다. 대표적인 예언서인 이사야서를 예로 들어
보겠습니다. 이사야서를 '미래'에 초점을 두고 읽는다면,
이스라엘의 회복과 메시아의 도래를 예언하는 책으로 볼 수
있고 이사야서의 구절 중 극히 일부만이 이러한 맥락에
해당됩니다. 이사야서의 대부분은 하나님의 백성인
이스라엘이 그동안 하나님 앞에 얼마나 잘못 서 있었는지를
지적하는 '과거'의 이야기와, 지금 그 행실을 하나님 앞에서
바로잡으라는 '현재'의 이야기입니다. 그리고 바로 지금
하나님의 명령을 따를 때와 따르지 않을 때 어떠한 일이
벌어질지를 선포하는 '미래'의 이야기가 적혀 있습니다. 한
마디로 이사야서는 이스라엘의 과거와 현재, 미래에 대한
하나님의 말씀이 담겨 있는 책입니다.

역사서인가, 느비임(נביאים)인가?

기독교의 구약은 크게 네 가지로 분류할 수 있습니다.

창세기부터 신명기까지의 모세오경과, 여호수아부터
에스더서까지를 포함하는 역사서, 욥기부터 아가서까지에
해당하는 시가서, 이사야서부터 말라기서까지 구약의 말미에
해당하는 선지서, 이렇게 네 부분입니다.

　　유대교 경전Hebrew Bible은 이와 달리 세 부분으로
구분됩니다. 먼저 '토라'(הרָוֹתּ)에 해당하는 창세기, 출애굽기,
레위기, 민수기, 신명기는 기독교 구약의 모세오경과
동일합니다. 그다음 분류는 '느비임'(נְבִיאִים)인데, 여기서부터는
구약의 구성과 다소 다른 양상을 보입니다. 느비임에는 기독교
구약의 선지서에 해당하는 이사야서, 예레미야서, 에스겔서와
12 소예언서(호세아서부터 말라기서까지)가 포함될 뿐 아니라
구약의 역사서에 해당하는 여호수아서와 사사기, 사무엘서,
열왕기까지도 속해 있습니다. 그 외의 성경은 '케투빔'(כְּתוּבִים)
으로 분류됩니다. 시편, 욥기, 잠언, 전도서, 아가서와 더불어,
기독교의 역사서로 분류된 룻기와 역대기, 에스라서와
느헤미야서까지가 여기 포함됩니다.

　　이러한 분류의 차이는 성경의 각 권을 이해하는 데 큰
차이를 만듭니다. 여호수아서를 한번 예로 들어 볼까요?
구약의 관점에서 여호수아서는 역사서에 속합니다. 역사서의
맥락에서 여호수아서를 읽으면 가나안 정복 전쟁의 역사, 즉
여리고성이 어떻게 무너졌고 아이성이 어떻게 함락되었는지
등에 중점을 두고 읽게 됩니다. 그러나 유대교 경전에서

여호수아서는 느비임에 속하는 책으로, 여호수아는 나비의 한 사람으로 이해되고 있습니다. 여호수아는 하나님의 말씀이 임한 자입니다. 이러한 사실이 시사하는 바는 만약 우리가 여호수아서를 역사 이야기로만 이해할 때 여호수아서의 많은 부분을 놓치게 된다는 점입니다. 여호수아서는 처음부터 하나님의 말씀이 임하는 것으로 시작하기 때문입니다.

여호와의 종 모세가 죽은 후에 여호와께서 모세의 수종자 눈의 아들 여호수아에게 말씀하여 이르시되(수 1:1).

그리고 여호수아에게 임한 하나님의 말씀으로 끝을 맺습니다.

이스라엘의 하나님 여호와께서 이같이 말씀하시기를 (수 24:2).

여호수아서를 역사서가 아니라 느비임으로 읽게 되면, 그 책의 핵심 내용은 가나안 정복 전쟁이 아니라 여호수아에게 임한 하나님의 말씀이 되고, 그 말씀이 어떤 말씀인가에 초점을 두게 됩니다.

대표적인 역사서인 열왕기도 마찬가지입니다. 이 책의 이름을 '열왕기'Book of Kings 라고 부르는 순간 이 책의 주인공은 왕들이 됩니다. 솔로몬, 아합, 히스기야가 무슨 일을 했는지에 중점을 두게 되는 것입니다. 대신에 이 책을 느비임에 속한

것으로 읽게 되면, 수많은 왕들이 거쳐가는 역사 속에서
엘리야나 엘리사 같은 나비들을 통해 하나님의 말씀이 어떻게
임했는지가 중요해집니다. 즉, 왕이 아니라 하나님의 말씀이
주인공이 되는 것입니다.

　이름은 때로 어떤 사람이나 사물을 바라보는 관점을
결정합니다. 그렇기 때문에 이름을 짓는 일은 중요한
일입니다. 번역도 마찬가지입니다. 그래서 단어 하나를 어떻게
번역할 것이냐는 첨예한 문제입니다. '단어 하나'가 독자의
관점 자체를 바꿀 수도 있기 때문입니다. 'Naming is framing'
이라는 말은 이러한 생각을 잘 드러내는 말입니다.

　히브리어 나비를 '예언자' 혹은 '선지자'로 번역하면서
예언서를 읽는 우리의 시선이 미래를 향하게 된 것 역시
'Naming is framing'의 한 예시로 볼 수 있습니다. 그러나
나비는 이사야나 예레미야뿐 아니라 아브라함과 모세,
여호수아와 같이 각 시대 속에서 하나님께서 부르시고 그분의
말씀을 전달하는 사람을 뜻합니다. 따라서, 엄밀히는
'대언자'代言者라는 번역어가 더 적합해 보입니다. 중요한 것은
나비가 아닌 그들이 전하는 하나님의 말씀이기 때문입니다.

נָבִיא 나비

마쯜리아흐 מַצְלִיחַ

이 시간에는 요셉에 대해 이야기하고자 합니다. 요셉은
하나님이 함께하시는 삶을 살았던 사람입니다. '하나님께서
함께하신다'는 말은 신앙인들이 자주 쓰는 표현이기에
성경에도 흔하게 등장할 것이라 생각하기 쉽지만, 사실 그렇게
자주 나오는 표현은 아닙니다. 그런데 요셉의 이야기에는 이
표현이 두 번이나 등장합니다. 요셉의 이야기가 하나님의 뜻을
구하며 살아가는 그리스도인들에게 그분의 뜻대로 살아가는
삶이란 어떤 것인지 그 방향을 제시할 수 있기를 소망합니다.

여호와께서 요셉과 함께하시므로 그가 형통한 자가 되어 그의
주인 애굽 사람의 집에 있으니(창 39:2).

129

여호와께서 요셉과 함께하시고 그에게 인자를 더하사
간수장에게 은혜를 받게 하시매(창 39:21).

마쫄리아흐(מַצְלִיחַ), 성공한 사람일까, 성공시키는 사람일까?

창세기 39:2은 형제들에게 미움을 받아 이집트로 종살이 온
요셉에 대한 설명입니다.

> 여호와께서 요셉과 함께하시므로 그가 **형통한 자가 되어**
> 그의 주인 애굽 사람의 집에 있으니(개역개정).

> 주님께서 요셉과 함께 계셔서, **앞길이 잘 열리도록** 그를
> 돌보셨다. 요셉은 그 주인 이집트 사람의 집에서 살게
> 되었다(새번역).

> 그러나 요셉은 야훼께서 돌보아 주셨으므로 **앞길이 열려**
> 이집트 사람 주인집의 한 식구처럼 되었다(공동번역).

'형통'亨通은 '모든 일이 뜻과 같이 잘되어 감'을 뜻하는
말입니다. 새번역과 공동번역의 "앞길이 잘 열"린다는 표현 역시
요셉이 탄탄대로를 걷게 되었다는 의미로 받아들여집니다.

다수의 영어 성경에서도 "successful",NASB, ESV, NRSV, CEB
"prosperous",KJV, JPS "wealthy"CJB 등의 단어를 사용해 이
구절을 비슷한 의미로 해석합니다. 이런 이유로 창세기 39:2는
현대 기독교의 번영신학prosperity theology에서 환영받는 구절이
되었습니다. 그러나 모든 일이 잘 풀려 부유하고wealthy
잘나가고prosperous 성공한successful 사람이 되어 이집트인의
'노예가 되었다'는 이 본문은 어딘가 이상해 보입니다.

이 본문의 히브리어 단어 '마쯜리아흐'(מַצְלִיחַ)는
'짤라흐'(צלח)의 사역형causative 입니다. 짤라흐의 어원적인
의미는 '성공하다'to be successful 가 맞습니다. 이 단어의 기본형
동사가 사용된 예는 다음과 같습니다.

모세가 이르되 너희가 어찌하여 이제 여호와의 명령을
범하느냐. 이 일이 **형통하지** 못하리라(민 14:41).

악한 자의 길이 **형통하며** 반역한 자가 다 평안함은 무슨
까닭이니이까(렘 12:1).

너를 치려고 제조된 모든 연장이 **쓸모가** 없을 것이라
(사 54:17).

위의 예문처럼 '짤라흐'라는 기본형 어휘가 쓰였을 경우에는

주체가 되는 주어가 성공적 successful 이고 효과적 effective 이라는
의미를 나타내게 됩니다. 그런데 이 단어가 사역형으로 쓰이면
뜻이 달라집니다. 학창시절 영어 문법을 배울 때
'사역동사'의 의미를 많이 접하셨을 것이라 생각합니다.
'make'나 'let' 같은 동사를 첨가하여, 주체가 제3의 대상에게
어떤 동작이나 행동을 하게 시키는 것을 의미합니다. 즉,
짤라흐가 사역형으로 쓰일 때는 자신이 아닌 다른 사람을
번영하게 하거나 어떤 일을 성공시킨다는 to make
someone (something) successful 의미가 되는 것이지요. 다음은
짤라흐의 사역형이 쓰인 구절입니다.

> 여호와께서 과연 **평탄한 길을 주신** 여부를 알고자(창 24:21).
> to find out whether the Lord had **made his journey
> successful** or not(NASB).

> 여호와께서 …… 네게 **평탄한 길을 주시리니**(창 24:40).
> The Lord …… **make your trip successful**(CEB).

> 여호와께서 그를 범사에 **형통하게 하셨더라**(창 39:23).
> the Lord …… **made everything he did successful**(CEB).

사역형은 주어(하나님)가 아니라 목적어 his journey, your trip,
everything he did 의 성공을 말하고 있습니다. 이는 영어 번역에서

132

더 선명하게 드러납니다. 사역형의 주어인 하나님이 '성공하신' 것이 아니라 하나님께서 누군가를, 누군가의 길을, 누군가가 하는 일을 '성공하게 하시는' 것입니다. 이러한 맥락을 기억하며 다시 창세기 39:2로 돌아가 보겠습니다.

> 주님께서 요셉과 함께하셨고, 그는 **형통하게 하는**(성공시키는) 사람이 되었다(저자 사역).

성공시키는 사람, 요셉

사역형의 해석이 맞는지를 확인하기 위해서는 전체 맥락에서 이 구절이 어떻게 쓰이는지를 파악할 필요가 있습니다.

> 요셉이 그의 주인에게 은혜를 입어 섬기매 그가 요셉을 가정 총무로 삼고 자기의 소유를 다 그의 손에 위탁하니 그가 요셉에게 자기의 집과 그의 모든 소유물을 주관하게 한 때부터 여호와께서 요셉을 위하여 **그 애굽 사람의 집에 복을 내리시므로 여호와의 복이 그의 집과 밭에 있는 모든 소유에 미친지라**(창 39:4-5).

4절과 5절은 '형통하게 하는 사람', 곧 '성공시키는 사람'[이쉬 마쯜리아흐(אִישׁ מַצְלִיחַ)]이 무슨 뜻인지를 설명하고 있습니다.

133

하나님께서 요셉과 함께하시기 때문에 요셉에게 맡긴 일들이 성공적으로 이루어지고 하나님의 복이 (요셉 자신이 아니라) 그의 주인 보디발에게 임하는 것입니다.

그 이후 요셉은 보디발의 아내가 한 거짓말로 인해 감옥에 갇히고 맙니다. 그런데 놀랍게도 요셉은 감옥에 갇힌 채로도 자신에게 맡겨진 모든 일을 성공시킵니다.

> 간수장이 옥중 죄수를 다 요셉의 손에 맡기므로 그 제반 사무를 요셉이 처리하고 간수장은 그의 손에 맡긴 것을 무엇이든지 살펴보지 아니하였으니 이는 여호와께서 요셉과 함께하심이라. **여호와께서 그를(그가 하는 모든 일을) 범사에 형통하게 하셨더라**(창 39:22-23).

이때의 일로 요셉은 이집트의 총리가 됩니다. 요셉이 이집트의 총리가 되어 결과적으로 성공한 삶을 살았다고 말할 수도 있겠지만, 정작 요셉은 자신이 총리가 된 것 역시 자신의 성공 혹은 자신을 위한 성공으로 여기지 않았습니다. 오히려 자신을 죽이려 했고 노예로 팔아 버린 형제들의 생명을 구하기 위함으로 여겼습니다.

> 하나님이 큰 구원으로 당신들의 생명을 보존하고 당신들의 후손을 세상에 두시려고 나를 당신들보다 먼저 보내셨나니 (창 45:7).

백십 년에 걸친 요셉의 파란만장한 삶은 '형통'이라는 단어에
어울릴 만한 평탄한 인생과는 거리가 멀었습니다. 형제들의
미움으로 죽을 위기에 처하고 먼 타국에 노예로 팔려가는가
하면, 억울한 누명을 쓰고 감옥에 갇히기까지 합니다. 심지어
감옥에서 요셉이 꿈을 해몽해 주었던 술 맡은 관원장까지도
풀려난 뒤 2년 동안이나 그를 잊어버리고 계속 옥살이를 하게
만들었습니다. 요셉 자신의 뜻대로 되는 일은 하나도 없어
보입니다. 잘 풀리는 인생이 아니라 계속 꼬이기만 하는 인생
같아 보입니다. 그럼에도 불구하고 요셉은 인생의
밑바닥에서도 자신에게 맡겨진 일들을 성공시킵니다. 그는
'성공한 사람'이라기보다는 '성공시키는 사람'이었습니다.
　　요셉의 인생은 '성공한 사람'에 대해 생각해 보게
만듭니다. 요셉은 많은 이들을 성공시키는 인생을 살았지만
정작 그 자신은 수많은 곡절을 겪었습니다. 생각해 보면
성경의 많은 인물들이 이러한 삶을 살았습니다. 아브라함은
고향을 떠나 나그넷길에 올랐고, 이삭은 이방 사람들에게
서러운 일을 고스란히 당하며 살았습니다. 야곱 역시도 쉽지
않은 삶을 살았습니다. 그들의 삶은 세상에서 말하는 '성공한
삶'과는 거리가 멀었습니다. 대신에 그들은 하나님의 뜻을
이루며 하나님을 드러내는 삶을 살았습니다. 질곡의 세월을
보냈던 그들은 하나님과 동행한 사람들이었습니다. 그들이
거했던 곳에 임한 하나님의 복은 하나님께서 그들과
함께했음을 나타내는 증거였습니다.

מַצְלִיחַ 마쯜리아흐

게르게셋

우리는 모두 난민입니다

2016년에서 2018년까지 500여 명의 예멘인들이 제주도에
입국해서 우리 정부에 난민 지위를 인정해 달라고 요청하는
일이 있었습니다. 이때 난민을 받아들여야 하느냐 마느냐를
두고 많은 논쟁이 있었습니다. 특히 입국한 예멘인들의
대다수가 무슬림이어서 종교적인 이슈가 되기도 했습니다.
기독교계 안에서도 찬반양론이 격렬하게 대립했습니다.
한쪽에서는 난민으로 인해 범죄가 늘어나고 난민 제도를
악용하려는 '가짜 난민'이 생겨날 것이라는 주장을 내세웠고,
다른 한쪽에서는 인도주의적인 관점과 더불어 난민들이 우리
경제에 긍정적인 영향을 줄 수 있다는 점을 부각시켰습니다.
　이후에도 러시아의 우크라이나 침공으로 인한 수많은
전쟁 난민과 시리아와 아프가니스탄 등지에서 온 난민을

수용하는 문제에 대해 우리나라뿐 아니라 국제적인 관심이
집중되었습니다.

난민을 둘러싼 논쟁이 최근 들어 더욱 거세지면서 난민의
역사가 그리 오래되지 않았으리라 생각하는 이들이 많지만
사실 난민 문제는 어제오늘의 일이 아닙니다. 우리의 생각보다
훨씬 더 오래된 난민의 역사는 무려 창세기로 거슬러
올라갑니다.

히브리어 게르(ﬦﬞﬔ)의 의미

> 나는 당신들 중에 **나그네**요 거류하는 자이니 당신들 중에서
> 내게 매장할 소유지를 주어 내가 나의 죽은 자를 내 앞에서
> 내어다가 장사하게 하시오(창 23:4).

이 구절은 아내 사라가 죽은 뒤 아브라함이 그의 시신을
매장할 곳을 헷(히타이트) 족속에게 요청하는 창세기의 한
대목입니다. 아브라함은 하나님의 명령으로 자신의 본토인
갈대아 우르를 떠나 하란을 거쳐 가나안 땅에 도착합니다.
가나안 지역에 이미 자리를 잡고 살고 있던 사람들이 보기에
아브라함은 먼 타지에서 온 '난민'에 불과했습니다. 가나안에
도착한 뒤에도 아브라함은 기근으로 인해 이집트로 피난을
가고, 아비멜렉이 다스리던 그랄 지역에 얹혀살기도 합니다.

아브라함은 이처럼 선조들이 대대로 살았던 본토에서 살지 못하고 내내 남의 땅에 얹혀사는 삶을 살았습니다.

우리말 번역 성경이 주로 "나그네"나 "객"으로 번역하는 단어가 바로 '게르'(גֵּר)입니다. 저는 히브리어 게르에 해당하는 가장 좋은 우리말 번역어가 '난민'refugee이라고 주장합니다. 게르는 기근 등의 이유로 자신의 땅에서 더 이상 살 수 없어서 남의 땅에 얹혀사는 사람들을 가리킵니다. 완전히 떠돌아다니는 것이 아니라 반쯤은 정착생활이라 할 수 있기에 나그네나 여행자 같은 개념과는 다르고 '손님'과는 더욱 거리가 멉니다.

게르는 땅을 소유하는 등 본토 사람들과 동등한 권리를 갖기도 어려웠습니다. 대부분 땅을 소유하지 않고 살아가거나 어느 정도 자신의 땅을 일구더라도 그 지역 본토사람들이 소유권을 주장하며 쫓아내면 쫓겨날 수밖에 없는 신세였습니다.

아버지 아브라함과 똑같이 아들 이삭도 기근으로 인해 아비멜렉이 다스리는 그랄 지역으로 피난을 갑니다.창 26장 아비멜렉의 배려로 그 땅에서 큰 세력을 얻게 되지만창 26:13, "그 사람이 창대하고 왕성하여 마침내 거부가 되어" 본토 주민인 블레셋 사람들이 쫓아내면 자기가 판 우물마저 버리고 떠나야 했습니다. 창세기에는 아브라함과 이삭이 그랬던 것처럼 세력이 커져서 본토사람들과 계약을 맺고 상호존중과 불가침조약을 맺는 경우도 있지만, 이런 경우는 성경에 실릴

만한, 지금의 상황이라면 뉴스에 나올 만한 극히 예외적인
상황이었습니다.

난민으로서의 삶

성경의 난민들은 남의 땅에서 얼마 되지도 않는 자신의
소유마저 빼앗길 위험에 항상 노출되어 있었습니다. 심지어
어디를 가든 아내까지도 빼앗기고 살해당할 위험이 도사리고
있었습니다. 아브라함과 이삭이 자신의 아내를 누이라고 속일
수밖에 없었던 이유도 바로 이 때문이었습니다. 그 시대의
난민들이 처한 상태가 어떠했는지를 여실히 보여주는
장면입니다.

고대 가나안 지역에서 난민으로 살아가는 것은 생존을
위한 어쩔 수 없는 선택이자 최후의 수단이었습니다. 유유자적
유람하는 것도 아니고 순례 길에 오르는 것도 아닙니다.
오로지 목숨 하나를 부지하기 위함이었습니다. 지금 우리
시대에도 자기 고향이나 나라를 떠나 다른 곳에 터를 잡고
사는 것이 만만치 않은 일인데, 수천 년 전 고대 사회에서 원래
살던 터전을 떠나 어떤 일이 벌어질지 모르는 남의 땅에서
난민으로 살아가는 것은 몇십 배, 몇백 배나 힘든 일이었을
것입니다.

따라서 '게르'를 '낯선 이'stranger, KJV, NIV, NAS, JPS, TNK 나

'이방인', aliens, NRSV '외국인', foreigner, CJB 혹은 단순한
'이민자' immigrant, CEB 로 볼 수는 없습니다. 이러한 번역은
게르의 의미를 제대로 파악하지 못한 번역입니다. 동사로서 이
단어는 영어 번역에서 '여행하다' travel 혹은 '잠시 머물다' sojourn
는 의미로 번역되는 경우가 많은데, 이 역시 정확한 번역은
아닙니다. 이러한 번역은 정치적, 경제적 이유로 자신의 땅을
떠나 다른 나라에서 빌붙어 살 수밖에 없는 난민들의 삶
일부분만을 포착한 번역입니다. 게르는 우리 시대에
적용하자면 외국인 노동자나 불법체류자에 더 가깝습니다.

믿음의 조상들, 정착민인가 난민인가?

창세기의 기록을 근거로 아브라함과 이삭, 야곱을 비롯한
이스라엘 민족이 일정 기간 가나안 땅에서 정착생활을 했다고
주장할 수도 있습니다. 정착생활이기 때문에 난민으로 보기는
어렵다는 것입니다. 하지만, 가나안 땅에서의 정착생활 역시
난민으로서 남의 땅에 얹혀사는 것으로 보는 것이 적절합니다.
그 근거는 다음과 같습니다.

첫째, 롯이 소돔에 거주할 때 그 본토민들은 롯이 남의
땅에 얹혀사는 주제에 자기들을 가르치고 판단하는 법관
노릇을 한다는 반응을 보입니다. 자기 집에 온 손님들을
해치지 말아 달라는 롯의 부탁에 소돔의 주민들은 "이 자가

들어와서 거류하면서 우리의 법관이 되려 하는도다"^{창 19:9}라고
말합니다. 여기서 "거류하면서"로 번역된 단어가 바로 난민
(게르)으로 얹혀사는 것을 의미하는 단어 '구르'(גור)입니다.
소돔 사람들은 "이제 우리가 그들보다 너를 더 해하리라"^{창 19:9}
고 말하며 롯을 밀치고 집안 문을 부수려 듭니다. 롯이 타지
출신의 이방인이기에 이런 폭력을 행하는 것이 아무런 법적,
도덕적 문제가 되지 않았던 것입니다.

　둘째, 아브라함도 어느 특정 지역에 완전히 정착한 적이
없었습니다. 그는 아비멜렉이 다스리던 그랄 지역에 상당 기간
머무는데^{창 20-21장} 성경은 그 땅을 "블레셋 족속의 땅"^{창 21:34}
으로 칭하였으며 아브라함 역시 그 지역에 소속된 사람으로
인정되지 않았습니다. 그는 단지 그곳에 난민으로 붙어살고
있었을 뿐입니다. 이삭의 경우도 마찬가지입니다. 가나안 땅에
기근이 들었을 때 하나님께서는 이삭에게 이집트로 가지 말고
그랄 지역에 머무르라고 명령하시는데,^{창 26:3} 이 역시 영구
정착민으로서가 아니라 기근을 피해 먹을 것이 있는 남의 땅에
머무는 것에 불과했습니다.

　셋째, 야곱의 경우에도 라반에게 얹혀살던 시절을 가리킬
때 게르의 동사형인 구르가 사용되었습니다.^{창 32:5} 야곱이
삼촌의 집에서, 그것도 아내 둘과 함께 가정을 꾸리고 20년
넘게 살았는데 이를 두고 '난민 생활'로 보기는 어렵다고
생각할지 모르겠습니다. 그러나 야곱이 라반에게 받은 대우를
생각하면 하란 지역에서의 야곱의 처지는 난민으로 볼 수밖에

없습니다. 우선, 야곱은 장자권을 빼앗긴 형 에서의 살해 협박으로부터 도망쳐 하란으로 오게 되었습니다. ^{창 27:41, "내가 내 아우 야곱을 죽이리라 하였더니"} 또한 이후에 삼촌 라반에게 속임을 당한 것도 야곱이 그 지역 출신이 아니었기 때문입니다.

야곱은 신혼집에 라헬이 아니라 레아를 보낸 라반에게 어떻게 나를 속일 수 있는가를 묻지만 도리어 라반은 "언니보다 아우를 먼저 주는 것은 우리 지방에서 하지 아니하는 바"^{창 29:26}라고 대답합니다. 이 지방 풍습을 모르는 타지 출신으로 불이익을 겪는 야곱의 모습이 강조되고 있습니다. "품삯을 열 번이나 변경"^{창 31:7}하며 야곱의 노동력을 착취하는 삼촌 밑에서 20년을 섬기며 재산을 모았어도 그 땅의 합법적 권리를 가지고 있던 라반의 아들들의 모함으로 그 땅을 떠날 수밖에 없었던 것이 바로 야곱의 신세였습니다. ^{창 31:1-3} 심지어는 야곱과 결혼한 레아와 라헬마저 자신의 아버지가 자신들을 "외국인"으로 취급하고 있다고 말합니다. ^{창 31:15} 야곱은 하란에서 20년가량을 지내면서도 삼촌 라반의 가족으로 인정받지 못하고 이방인이자 난민으로 살아야 했던 것입니다.

정착을 하고 살았기 때문에 난민으로 볼 수 없다는 주장은 난민을 좁은 의미로 이해한 것입니다. 중요한 것은 정착한 곳이 내가 뿌리내린 온전한 나의 땅인가 하는 점입니다. 창세기 전체에서 믿음의 조상들이 합법적으로 소유했다고 추정되는 장소는 아브라함의 아내 사라를 묻은 막벨라의 동굴

밖에는 없었습니다. 그래서 이 구절이 창세기에 반복해서
나오는 것일 테지요.^{창 23:9, 17, 19, 25:9, 49:30, 50:13} 그 외의
장소에서의 '정착'은 그야말로 더부살이였던 것입니다. 소돔에
정착한 롯의 경우나 이삭의 우물 사건처럼 비록 어느 정도
정착을 했더라도 그들은 외부인이었을 뿐, 그 땅에 뿌리를
내린 사람들이 아니었습니다.

　　정착 기간은 난민으로서의 정체성을 결정짓는 핵심적인
요소가 아닙니다. 이보다 더 본질적으로 난민의 정체성을
형성하는 두 가지 요소가 있습니다. 먼저는 본토인,
원주민들의 관점입니다. 게르들이 아무리 오랫동안 한곳에서
몇 대의 후손을 낳으며 거주했다 할지라도 본토인들이 그들을
외지인으로 여기며 땅에 대한 온전한 권리를 가질 수 없다고
주장한다면 그곳에 온전히 뿌리내렸다고 볼 수 없습니다.
이스라엘 백성들이 이집트에서 400년을 살며 큰 민족을
형성했음에도, 이집트 사람들은 이스라엘 사람들을 자신들과
동등한 권리를 가진 이집트인으로 여기지 않았습니다.
그들에게 이스라엘 민족은 난민(게르)이자 노예[에베드(עֶבֶד)]
에 불과했습니다.

　　또 다른 요소는 '자기정체성'^{self-identification} 입니다.
아브라함과 이삭은 가나안 땅에 정착한 뒤에도 그 땅을 자신의
땅으로 여기지 않고, 그 땅의 사람들과 혼인 관계로 섞이는 것
또한 바람직하게 여기지 않았습니다. 이들은 이곳 출신이
아니라는 자기정체성을 유지하고자 했습니다. 족장들

144

스스로가 가나안 땅에서의 '정착'을 그곳에 뿌리내린 온전한 정착으로 여기지 않았으며, 난민으로서의 정체성을 부정하지 않고 오히려 적극적으로 받아들이는 모습을 보였습니다. 출애굽 이후로도, 하나님은 이스라엘 백성들에게 난민(게르)으로서의 정체성을 유지하고 기억할 것을 명하십니다. 출애굽한 이스라엘 백성들이 가나안 땅에 정착해서 그 땅을 '하나님께서 주신 우리 땅'으로 여기며 살게 되더라도, 하나님께서는 그들이 원래 이집트에서 난민이었고 종이었다는 사실을 잊지 않도록 거듭하여 말씀하십니다.

아브라함과 이삭과 야곱, 우리는 이들을 '믿음의 조상'이라고 부릅니다. 우리 신앙의 선조들은 모두 난민이었습니다. "네 나이가 얼마냐"창 47:8고 묻는 바로의 질문에 이스라엘 민족의 시조가 되는 야곱은 자신의 나이를 말하며, 자신의 인생을 이렇게 정의합니다.

제가 난민으로 살아온 인생이 백삼십 년가량입니다. 제 삶이 정말 끔찍했지만, 제 조상들이 난민으로 산 세월에는 비할 바가 못됩니다(창 47:9, 저자 사역).

ךֶ ㄱ 게르

146

에쉐트 하일 אֵשֶׁת חַיִל

고대 이스라엘의 여성상

번역이란 다리를 놓는 일입니다. 성경 원문을 한국어로
번역하는 것은 지금 21세기를 살고 있는 우리를 아주 오랜
옛날로, 또 멀고 먼 곳으로 갈 수 있도록 안내하는 것입니다.
전혀 다른 두 세계를 연결하는 번역자는 양쪽 모두를 잘 알고
있어야 합니다. 고대의 가치관과 문화를 이해하기 위해서는
오랜 훈련이 필요하고, 동시에 지금 우리가 사는 세계의
언어와 문화에 대해서도 섬세한 감각을 지니고 있어야 합니다.
무엇보다 중요한 것은 번역자 자신이 어떤 가치관을 따르고
있는지, 혹시 특정한 선입견에 사로잡혀 있지는 않은지
끊임없이 스스로를 돌아보는 것입니다. 자기반성이 충분하지
않은 번역은 독자를 번역자 자신이 창작한 세계로 안내할
뿐입니다.

잠언 31장은 특히 번역자의 지혜가 필요한 본문입니다.
자칫 잘못할 경우 번역문에 저자의 선입견이 투영될 위험이
크기 때문입니다.

에쉐트 하일(אשת חיל)은 대체 어떤 여인일까?

잠언 31장 원문에 등장하는 히브리어 '에쉐트 하일'(אשת חיל)은
두 단어의 합성어입니다. '여자', '아내'를 뜻하는 '잇샤'(אשה)와
'힘', '능력'을 의미하는 '하일'(חיל)이 합해진 단어로 '힘 있는
여성', '능력 있는 여성'을 뜻합니다.

다음은 잠언 31:10을 우리말로 번역한 것입니다. 같은
본문이라도 개역개정과 공동번역, 새번역이 각기 다른 해석을
보여줍니다.

누가 **현숙한 여인**을 찾아 얻겠느냐. 그 값은 진주보다 더
하니라(개역개정).

누가 **어진 아내**를 얻을까? 그 값은 진주보다
더하다(공동번역).

누가 **유능한 아내**를 맞겠느냐? 그 값은 진주보다 더
뛰어나다(새번역).

148

개역개정은 에쉐트 하일을 "현숙한 여인"으로 번역합니다. 반면에 공동번역은 같은 단어를 "어진 아내"로, 새번역은 "유능한 아내"로 번역합니다. "현숙한"과 "어진"과 "유능한"은 의미의 범주가 다른 형용사입니다. "현숙한"이 지혜롭고 정숙한 여인을 일컫는 표현이라면, "어진"은 마음이 너그럽고 착하다는 '성격'이 강조된 번역입니다. 현숙한 것과 어진 것은 의미상 겹치는 부분이 있지만, 마음이 착하다고 반드시 현명한 것은 아니고 똑똑하다고 다 너그러운 것도 아닙니다. 한편, 새번역은 다른 성경의 번역과는 조금 다른 결을 보입니다. '유능하다'는 '현숙하다', '어질다'처럼 성격과 관련된 단어가 아니라 '능력'에 연관된 단어입니다. 그렇다면 잠언 31장에서 말하는 여성은 대체 어떤 여성일까요? 현명하고 정숙한 여인일까요, 마음이 착하고 너그러운 여인일까요? 아니면 능력이 탁월한 여인일까요?

하일(חיל)의 어원적 의미

어원적인 측면에서는 "유능한"으로 번역한 새번역의 표현이 본래 뜻에 가장 가깝습니다. 히브리어 하일이 '힘'과 '능력'을 뜻하기 때문입니다. 힘과 능력은 주어진 상황에 따라 그 속뜻이 달라지는, 의미의 폭이 넓은 추상 명사입니다. 전쟁 상황에서는 전투력이 곧 능력일 터이고, 자본주의 사회에서는 재력이 능력으로 치환되기도 합니다.

이런 탓에 하일은 우리말 번역 성경에서 여러 단어로 번역되었습니다. 개역한글에서 히브리어 하일은 "재물",창 34:29 "능한 자",창 47:6 "군대",출 14:4 "재덕이 겸전한 자",출 18:21 "용맹 있는 자"삼상 14:52 등으로 다양하게 해석되었습니다. 입다삿 11:1 나 여로보암,왕상 11:28 사울,삼상 14:52 나아만,왕하 5:1과 같은 사람을 묘사하는 단어로 하일이 쓰일 때는 주로 "용사"나 "용감한 사람" 등으로 번역했고, 보아스룻 2:1나 기스삼상 9:1의 경우에는 "유력한 자", "유력한 사람"으로 번역했습니다. 이는 모두 남자를 지칭하는 경우로, 그 어느 경우도 지혜롭고 정숙한 품성이나 너그러운 마음씨를 나타내지 않습니다.

문맥에 따른 의미

잠언 31장의 전체적인 맥락을 살펴보겠습니다. 31장의 본문은 여러 구절에 걸쳐 여인에 대해 설명하고 있습니다.

> 그런 자는 살아 있는 동안에 그의 남편에게 선을 행하고
> 악을 행하지 아니하느니라. 그는 양털과 삼을 구하여
> 부지런히 손으로 일하며(잠 31:12-13).

이 구절만 떼어 놓고 보면 가사에 충실한 현모양처의 이미지에

잘 어울리는 듯합니다. 하지만 잠언은 여기서 멈추지 않고
계속해서 여인에 대해 다음과 같이 묘사합니다.

> 상인의 배와 같아서 먼 데서 양식을 가져오며······ 밭을
> 살펴 보고 사며 자기의 손으로 번 것을 가지고 포도원을
> 일구며(잠 31:14, 16).

이 여인은 집안일만 하는 것이 아니라 양식을 구하러 집 바깥
아주 멀리까지 나가기도 하고, 부동산 구입과 관리도 도맡아
합니다. 만든 옷과 띠를 팔고[24절] 밤 늦도록 장사를 하며[18절]
어려운 이웃을 돕는 구제행위에도 솔선수범합니다.[20절]
어질거나 정숙한 성격을 나타내는 개역개정이나 공동번역의
해석으로는 잠언 31장에서 묘사하는 여인의 특질들을 다
포괄하기 어려워 보입니다. 집의 안과 밖을 다 관할하며 사업
수완까지 좋은 인물을 '어질다'는 말로 묘사하기에는 한계가
있습니다. 전체적인 맥락을 고려할 때도 새번역의
"유능한 아내"가 가장 적절한 번역으로 보입니다.

   "현숙한 여인"이나 "어진 아내"와 같은 번역은 번역자의
판단이 개입된 해석입니다. 여성에게는 정숙하고 착한 것이 곧
힘이자 능력이라는 가부장적 가치관이 밑바탕에 깔려 있는
해석인 것입니다. 따라서 남자에게는 이러한 해석이 적용되지
않았습니다. 남성 인물이 등장하는 맥락에서는 대부분 원어의

기본적인 의미인 '힘'과 '능력'을 그대로 적용한 반면, 여성의 경우에는 원문을 왜곡하는 위험을 감수하면서도 굴절된 해석을 제시하였습니다. '현숙하다'는 해석이 '능하다', '재덕을 겸전하다', '용맹하다'로 번역된 단어와 같은 단어라는 사실을 알지 못하는 독자는 잠언 31장을 가부장적인 틀 안에서 읽을 수밖에 없습니다.

잠언 31장은 고대 이스라엘에서 여성의 능력(하일)을 어떻게 이해했는지를 잘 보여줍니다. 그 당시 능력 있는 여성이란 먹을 것과 입을 것으로 가족과 식구들의 필요를 채우고 집밖의 "곤고한 자"와 "궁핍한 자"에게 기꺼이 도움의 손길을 내미는 사람이었습니다.[20절] 입에서는 항상 지혜의 말이 나오며, 관계를 맺은 모든 사람에게 헤세드(תֶסֶד)를 베푸는,[26절] 한마디로 사람을 살리는 것이 바로 여성의 '능력'이었습니다. 르무엘 왕의 어머니가 아들에게 유능한 여인이라고 가르쳤던 여성은 곧 어진 성품뿐만 아니라 지혜와 용기, 실행력까지도 겸비한 여성이었습니다.

르무엘 왕의 어머니는 아들에게 이런 여성을 아내로 맞이해야 한다고 가르치면서도 정작 그 시대 사람들이 중요하게 여기던 사항에 대해서는 아무런 언급을 하지 않습니다. 그 여성이 이스라엘 여성인지 이방 여인인지, 어떤 가문 출신인지에 대해서는 침묵합니다. 중요한 것이 아니기 때문입니다. 주위 사람들을 살리는 '지혜'와 '인애'와 '덕행' 이야말로 가장 중요한 가치였습니다. 이는 또한 하나님을

경외하는 사람의 특질입니다.^{30절}

　유대교 경전의 순서를 따르면, 잠언 31장 다음에는 룻기가 위치합니다. 에쉐트 하일의 대표적인 예가 바로 룻이라는 의미입니다. 남편과 자식을 잃고 남의 땅에 홀로 남게 된 나오미의 손을 잡아 준 것은 모압 여인 룻이었습니다. 시어머니를 살리기 위해 자신의 고향 땅을 떠나 베들레헴까지 와서 기꺼이 떨어진 이삭을 줍는 여인이 바로 에쉐트 하일, 능력 있는 여성입니다. 그리고 이 여성을 통해 다윗을 거쳐 그리스도에게까지 이르는 계보가 완성됩니다.

אֵשֶׁת חַיִל 에쉐트 하일

언어 표현에 나타난
히브리적 사고

3

바라크 ברך

우리나라에서는 새해가 되면 너도나도 서로에게 복福을 빌어 줍니다. 복을 많이 받으라는 말은 흔하게 쓰이는 덕담이지요. 축복의 말이 덕담처럼 쓰이는 것은 우리가 복을 '향유'하고 '누리는' 어떤 것으로 이해하고 있기 때문입니다.

또한 복은 신앙인에게 아주 중요한 단어입니다. 성경에도 셀 수 없을 만큼 자주 등장합니다. 그런데 구약성경 원문에 등장하는 '복'의 개념은 우리가 생각하는 것과는 조금 차이가 있습니다. 이 시간에는 하나님께서 복이 되라고 말씀하신 믿음의 선조 아브라함의 이야기를 통해 성경이 말하는 복의 진정한 의미를 찬찬히 들여다보고자 합니다.

창세기 12:2에서 하나님은 아브라함에게 고향과 가족을

157

떠나 가나안 땅으로 가라고 명하시며 이렇게 말씀하십니다.

너는 복이 되어라[흐예 베라카(הָיָה בְּרָכָה)].

이 문장은 명령형입니다. 하나님께서는 "너는 복을 받을
것이다"라고 말씀하시지 않고 "너는 복이 되어라" 하고
명령하십니다. '복'을 주거나 받는 것으로 여기지 않고 그렇게
되어야 하는 존재로 말씀하시는 것입니다. 그렇다면 '복이
되다'라는 표현에 담긴 의미는 무엇일까요?

　이 표현의 의미를 알기 위해서는 아브라함의 삶을
주목해서 들여다봐야 합니다. 하나님의 명령에 순종해 고향을
떠나온 아브라함은 풍족한 재물로 부귀를 누리며 가나안
땅에서 평안하게 살았을까요?

　성경은 그의 삶이 녹록지 않았다고 증언합니다. 가나안
땅에 도착한 아브라함이 처음으로 마주한 것은
기근이었습니다.^{창 12:10} 복이 되라고 명한 사람에게 오히려
고난이 닥친 상황을 상식적으로 이해하기는 어렵습니다.
하나님께서 아브라함에게 거짓말을 하신 것일까요? 물론
그렇지는 않을 것입니다. 이 역시 복을 '받거나 주는' 무언가가
아닌 '되어야 하는' 것으로 여길 때 생기는 간극 때문에
발생하는 오해입니다.

'복'에 대한 여러 언어의 이해

그리스어에서 '복'을 일컫는 단어는 'εὐλογία'(유로기아) 입니다.
'εὐ'(좋은)과 'λογία'(말하다)의 합성어로 '상대에게 좋은 말을
하다'라는 뜻이지요. 현대 영어의 'eulogy'(고인에 대한 추모사)가
바로 이 단어에서 유래했습니다.

'복'에 해당하는 라틴어 'benedicere'(베네디케레) 역시
'bene'(좋은)와 'dicere'(말하다)의 합성어로 그 뜻은 그리스어와
동일합니다. 예배의 '축도'를 뜻하는 'benediction'은 바로 이
단어에서 온 것입니다.

이와 달리 '복'을 의미하는 영어 단어 'bless'는 피 blood 와
연관된 단어입니다. 이를 통해서도 알 수 있듯, 복이란 사람
혹은 사물에 동물의 피를 뿌려 재앙이나 악귀를 막는 것으로
여겨졌는데, 이는 고대 게르만족의 풍습에서 유래되었습니다.

한자 '복 복'福은 제사를 잘 드려 하늘의 복을 받는 것을
뜻한다고 합니다. 서경書經의 홍범편에 나오는 복의 내용
중에는 오래 살고 부귀를 누리는 것, 몸과 마음이 건강한 것,
너그럽고 후덕한 심성과 가족들에게 둘러싸여 편안한 임종을
맞는 것이 포함됩니다.

이에 따라 복에 대한 고대인들의 개념을 다음의 세 가지로
정리할 수 있겠습니다. 덕담같이 좋은 말을 해주거나 듣는 것,
재앙 등 나쁜 것으로부터 보호해 주는 것, 그리고 장수와 부귀,
건강을 누리는 것.

바라크(ברך)의 의미

그렇다면 복을 뜻하는 히브리어 '바라크'(ברך)는 이 중에 어떤
뜻과 가장 가까울까요? 정답부터 말씀드리면 바라크는 그
어느 것에도 해당하지 않습니다.

바라크의 기본적인 뜻은 '무릎을 꿇다'입니다. 시편
95:6의 "오라, 우리가 굽혀 경배하며 우리를 지으신 여호와
앞에 무릎을 꿇자"에서 "무릎을 꿇자"에 해당하는 말이 바로
바라크입니다.

히브리어의 '복'은 '무릎을 꿇다'라는 바라크의 기본적인
뜻에서 파생되었습니다. '복을 주다'라는 의미의 히브리적
표현은 '상대방을 무릎 꿇은 상태로 만들다'라는 뜻입니다.
복을 받기 위해 무릎을 꿇고 머리를 조아리는 장면을
떠올리시면 됩니다.

히브리어의 복이 다른 언어문화의 복과 근본적으로 다른
지점은 크게 두 가지입니다. 첫째, 축복을 하는 사람의 행위
('좋은 말을 하다' 혹은 '피를 뿌리다')를 기준으로 하지 않고, 복을
받는 사람의 자세를 묘사합니다. 성경이 말하는 복은
흥미롭게도 그 복을 주시는 하나님으로부터 시작되는 행위가
아닙니다. 오히려 주님 앞에 무릎을 꿇고 엎드리는 우리의
자세에서부터 시작하는 것입니다. 하나님께서 우리에게
'무엇을' 주실까 하는 문제가 아니라, 우리가 '어떤 자세로'
있는가가 관건이 되는 것입니다. 따라서 히브리어의 바라크를

160

한자로 옮기자면, '복 복'福보다는 '엎드릴 복'伏에 더
가깝습니다.

둘째, 히브리어에서 정의하는 '복'에는 우리가 복의
핵심이라고 생각하고 있는 '복의 내용'이 빠져 있습니다.
덕담이나 재물, 잘 먹고 잘 사는 것 등에 대해서는 전혀 언급이
없습니다. 이러한 '복'의 의미는 세상에서 말하는 복의 개념을
완전히 뒤집어 놓습니다. 하나님 앞에서 엎드린다는 사실
자체가 우리에게는 복이라는 것입니다. 겸손히 그분 앞에
엎드리며 그분과 동행하는 삶 자체가 우리 그리스도인에게는
한없는 복인 것입니다.

"복이 되어라"는 하나님의 명령에 따라 가나안으로 간
아브라함의 삶은 고난의 연속이었습니다. 기근으로 먹고 살기
힘들어져 남의 나라에 가서 난민으로 얹혀살아야만 했습니다.
목숨이 위태로운 지경에도 여러 번 처했고, 가족 내의
갈등으로 난감한 처지에 놓인 적도 많았습니다. 심지어 어렵게
낳은 외아들 이삭을 제물로 바치라는 시험도 당하게 됩니다.
그 모든 과정은 아브라함에게는 무릎을 꿇는
시간들이었습니다. 이 시간들은 그가 '복이 되는', 하나님 앞에
'엎드릴 수밖에 없는' 과정이었습니다. 그렇게 그는 믿음의
선조로서 전 세계 수많은 사람들의 복이 되었습니다.

ברך 바라크

샬롬 שָׁלוֹם

당신의 온전함은
무엇입니까?

우리는 누군가를 만나면 "안녕하세요?"라고 인사합니다.
안녕安寧에서 '안'은 '편안할 안'安, '녕'은 '편안할 녕'寧입니다.
즉, 안녕한지를 묻는 것은 상대방에게 아무 탈 없이
편안한지를 묻는 것입니다. 외세의 침입과 전쟁이 잦던 시기
밤사이 무탈했는지 서로의 안부를 묻는 말에서 비롯되었다고
합니다. 제가 어렸을 때만 해도 "식사하셨습니까?" 혹은
"진지 드셨나요?"라고 인사하는 것이 흔했습니다. 당시에는
끼니를 거르는 일이 많았기 때문이지요. 요즘에는 시대가
바뀌어서 이렇게 인사하는 일이 드물어졌습니다.

　이처럼 우리가 평소에 쓰는 언어 습관에는 역사적 상황과
문화적 특성이 반영되어 있습니다. 이스라엘 사람들도
마찬가지입니다. 현재는 영어의 영향으로 젊은 세대나 친한

163

사이에서는 '하이'(יה)라고 하는 경우도 있지만,
이스라엘인들은 대개 인사를 나눌 때 '샬롬'(שלום)이라고
말합니다. 인사말 속에 각 언어마다의 고유한 특성이 투영되어
있다면 '샬롬'이라는 인사말에는 과연 어떤 의미가 숨겨져
있을까요?

샬롬(שלום)의 어원적 의미

히브리어 단어 중 아마 가장 널리 알려진 것이 바로 샬롬일
것입니다. 히브리어를 전혀 모르는 사람도 이 단어의 뜻이
'평화'peace라는 것 정도는 알고 있을 것입니다. 하지만 '평화'
라는 뜻은 이 단어에서 파생된 여러 뜻 중의 하나일 뿐이라는
사실까지 아는 분들은 많지 않을 것입니다. 샬롬의 의미를
'평화'로만 알고 있다면 이 단어의 아주 작은 부분만 알고 있는
것입니다.
　　어원적으로 '쉰-라메드-멤'(שלם)은 '온전함'wholeness을
뜻합니다. 하나님께서 아브라함에게 "네 자손은 사대 만에 이
땅으로 돌아오리니 이는 아모리 족속의 죄악이 아직 가득 차지
아니함이니라"고 말씀하실 때 창 15:16 '가득 차다'로 번역된
단어가 바로 이 어근에서 비롯되었습니다. 아모리인들의 죄가
아직 충분하지whole 않은 상태를 가리킵니다. 이 단어를 '평화'
로 이해한다면 창세기의 본문은 '죄가 평화롭지 않다'는

이상한 뜻이 됩니다.

출애굽기 21:36에서 자신의 소가 다른 소를 받아 죽이게 된 경우 "소로 소를 갚을 것이요"라고 하는데, 여기서 '갚다'라는 단어 또한 같은 어근이 사용되었습니다. 소가 죽음으로써 피해자는 온전하지 못한 상태가 되기 때문에 그만큼 갚아 주어 상대를 온전한 상태로 회복시키는 것을 의미합니다. 출애굽기 22장에서 "배상"이라고 번역된 경우 또한 이 어근이 동일하게 사용된 경우입니다. 도둑맞아 온전하지 못하게 된 피해자를 다시 온전한 상태로 만들어 주는 것이 바로 '배상'이니까요.

화목제 peace-offering 라는 번역에 대하여

영미권에서 샬롬을 'peace'로 해석해 온 역사가 깊다 보니 쉰-라메드-멤이 들어간 단어는 대부분 "평화", "화평", "화목", "평강" 등으로 번역되었습니다. '제바흐 쉘라밈'(זֶבַח שְׁלָמִים)을 영어로 'peace-offering', 우리말로는 '화목제'和睦祭로 번역한 것이 대표적인 예입니다. 우리가 흔하게 사용하는 의미로서의 '화목'은 다투지 않고 사이좋게 지내는 상태입니다. '화목'에 대한 이러한 개념은 마치 화목제를 '화가 난 신을 달래는 제사' 정도로 이해하게 만듭니다. 이러한 해석에는 전통적인 샤머니즘적인 개념이 밑바탕에 다소 깔려 있는 것으로 보입니다. 하지만 어원의 의미나 성경에서의 쓰임을 볼 때

제바흐 쉘라밈은 'peace-offering', 즉 '화목제'보다는
'온전함의 제사' wholeness-offering, offering for wholeness 로 이해되어야
할 것입니다.

온전함의 두 가지 측면

온전함의 제사에서 말하는 온전함에는 두 가지 측면이
있습니다. 하나는 '개인적인' 온전함입니다. 죄를 지었거나
상해를 입어서 자신의 상태가 온전하지 못한 상태가 되었을 때
제사를 드림으로써 온전하게 되는 것을 의미합니다. 하나님과
나 사이의 관계를 온전한 상태로 회복하는 것을 의미하기
때문에 개인적인 온전함은 동시에 '수직적인' 온전함이라 할
수 있습니다.

온전함의 또 다른 측면은 나를 둘러싼 가족, 이웃,
세상과의 관계적이고 수평적인 온전함입니다. 성경을 꿰뚫는
핵심적인 공식, '하나님 사랑, 이웃 사랑'이 '온전함'이라는
단어 속에도 깃들어 있는 것입니다. 이는 앞서 '카도쉬'(거룩)에
대해 쓴 대목에서도 살펴본 바가 있지요.

이 두 가지 측면의 온전함은 서로 긴밀히 연결되어
있습니다. 가족 혹은 이웃 등 자신을 둘러싼 인간관계가 다
깨어진 상태로 개인적인 온전함을 유지한다는 것은
불가능합니다. 그리고 주변과의 관계가 다 깨어진 사람이

하나님과의 온전한 관계를 유지한다는 것도 불가능한
일입니다. 출애굽기 21-23장의 말씀처럼 이웃을 해하고,
타인의 물건을 도둑질하고, 남에게 거짓말을 하는 사람이
하나님과의 온전한 관계를 맺을 수는 없을 테니까요. 아마도
이러한 이유로 제바흐 쉘라밈(온전함을 회복하는 제사)을 위해
바치는 제물은 그 일부를 하나님께 바치고, 나머지는 이웃과
나누는 것이라 생각됩니다.

당신의 온전함은 무엇입니까?

현대 히브리어에서 우리말 "안녕하세요?"에 해당하는 인사는,
남자에게는 "마 쉘롬카"(מה שלומך), 여자에게는 "마 쉘로메크"
(מה שלומך)입니다. 직역하자면, "당신의 온전함은
무엇입니까?"What is your wholeness? 라고 서로 묻는 것입니다. 이
질문은 신학적인 질문이기도 합니다. 당신은 하나님께서 주신
개인적인 온전함을 잘 지키고 있습니까? 그와 동시에, 당신은
주위 이웃과의 관계적인 온전함을 잘 유지하고 있습니까?
그렇지 않다면, 온전함을 지키게 하지 못하는 것은
무엇입니까?
　'아론의 축복'이라 불리는 민수기 6장의 축복문은 '베야셈
레카 샬롬'(וישם לך שלום)으로 끝을 맺습니다. 민 6:26 "평강
주시기를 원하노라"는 개역개정의 번역은 '주님께서 당신을

온전하게 만드시기를 원합니다'라는 뜻으로 이해할 수
있겠습니다. 샬롬의 온전함에는 수직적이고 수평적인,
개인적이고 관계적인 두 가지 차원의 온전함이 있음을
기억하시기 바랍니다. 그리고 그 둘은 서로 분리될 수 없다는
점 역시 잊어서는 안 될 것입니다.

שָׁלוֹם 샬롬

레브 쇼메아 לֵב שֹׁמֵעַ

> 지혜란 무엇인가

지혜의 화신으로 알려진 솔로몬이 왕이 된 후 하나님께
일천번제를 드린 이야기는 잘 알려진 이야기입니다. 그 이야기
속에서 하나님께서는 일천번제를 드린 솔로몬의 꿈에
나타나십니다. 그리고 이렇게 말씀하십니다.

내가 네게 무엇을 줄꼬. 너는 구하라(왕상 3:5).

누구나 바라는 순간일 것입니다. 하나님이 나타나서 "마음의
소원이 무엇이냐, 내가 너에게 무엇을 해줄까" 하고 묻는 순간
말입니다. 솔로몬은 이 질문이 끝나기가 무섭게 청산유수로
대답합니다. 꿈에서마저 이렇게 대답할 수 있었던 것은
솔로몬이 아주 오랫동안 생각하고 기도해 왔기 때문이

아니었을까요? 이때 솔로몬이 하나님께 구한 것은
무엇이었을까요? '지혜'였을까요?

레브 쇼메아(לֵב שֹׁמֵעַ), 듣는 마음

> 누가 주의 이 많은 백성을 재판할 수 있사오리이까. **듣는**
> **마음**을 종에게 주사 주의 백성을 재판하여 선악을 분별하게
> 하옵소서(왕상 3:9).

성경을 확인해 보면 솔로몬이 구한 것은 지혜가 아니라 "듣는
마음"이라는 것을 알 수 있습니다. 히브리어 '레브 쇼메아'
(לֵב שֹׁמֵעַ)를 직역하면 '듣는 심장'입니다. 즉, 심장으로 들을 수
있기를 요청한 것이 솔로몬의 기도였습니다. 솔로몬이
하나님께 드린 기도문을 꼼꼼히 살펴보면 지혜라는 단어가
나온 적은 단 한 번도 없습니다. 통상적으로 솔로몬이 지혜를
구했다고 생각하게 된 것은 개역한글에서 이 "듣는 마음"을
"지혜로운 마음"이라고 번역했기 때문입니다.
　하지만 "지혜로운 마음"이란 번역은 번역자의 주관적
판단이 개입된 의역입니다. 성경의 번역자들이 원문의 표현을
그대로 쓰지 않고 비틀어 번역하는 것은 직역으로는 도무지
말이 안 된다는 판단 때문입니다. 번역자들은 레브 쇼메아를
'듣는 심장', '듣는 마음'으로 직역할 경우, 문맥과는 어울리지

171

않는다고 여긴 것 같습니다. 새번역마저 '옛 번역'인 "지혜로운 마음"을 그대로 쓰고 있고, 의역이 심한 공동번역은 "명석한 머리"라고 번역하면서 히브리어 원문과는 많이 다른 어휘를 선택하여 번역하고 있습니다. '심장으로 듣는다'는 표현이 현대인들의 언어 감각으로는 이해가 잘되지 않는 것도 사실입니다.

'뇌'를 지성, '심장'을 마음과 연결시키는 현대인의 언어 감각과는 다르게 히브리어에서는 '심장'이 지성과 인지를 담당합니다. "그러나 **깨닫는** 마음과 보는 눈과 듣는 귀는 오늘 여호와께서 너희에게 주지 아니하셨느니라"신 29:4 는 말씀에서도 잘 드러나듯이, 눈이 시각을 담당하고 귀가 청각을 담당하는 것처럼 심장은 깨달음(지식)을 담당합니다. 참고로 히브리어에서 감정을 담당하는 내장 기관은 간과 콩팥입니다.

'듣는 마음'은 대체 무엇을 듣는 마음인가

> 이에 하나님이 그에게 이르시되⋯⋯오직 송사를 듣고
> 분별하는 지혜를 구하였으니(왕상 3:11).

솔로몬이 '듣는 마음'을 구했을 때, 그것이 '무엇을' 듣는 것인지는 명확히 명시되어 있지 않습니다. 그 답을 주시는 분은 뜻밖에도 하나님입니다. 하나님께서 말씀하신 답은 바로

'송사'입니다. 즉, 백성들의 요청과 사람들의 이야기를
심장으로 듣는다는 것입니다. 솔로몬의 기도에는 '지혜'라는
단어가 직접적으로 언급되지 않지만 그의 꿈에 나타난
하나님은 솔로몬이 구한 '듣는 마음'이 곧 '지혜'라고
말씀하십니다. 지혜가 무엇인지를 하나님께서 직접 정의
내리는 장면이라 할 수 있겠습니다. 백성들의 이야기를
심장으로 듣는 것, 사람들의 이야기를 마음 깊은 곳에서 들어
주는 것이 바로 하나님께서 말씀하시는 지혜였습니다.

　　연이어 나오는 에피소드는 그 유명한 솔로몬의 재판
이야기^{왕상 3:16-28}입니다. 우리가 잘 알듯, 두 여자가
솔로몬에게 와서 살아 있는 아이가 자신의 아이이며 죽은
아이가 상대방의 아이라고 서로 주장하는 송사입니다. 이때
성경 본문이 이 장면을 어떻게 서술하는지를 살펴볼 필요가
있습니다.

> 한 여자는 말하되……(왕상 3:17).
> 다른 여자는 이르되……(왕상 3:22).
> 왕이 이르되 이 여자는 말하기를……
> 저 여자는 말하기를……(왕상 3:23).

이 재판 과정은 '듣는 마음'이 무엇인지를 보여줍니다.
솔로몬은 두 여자의 이야기를 듣고 나서 하나님께서 무엇이라
말씀하시는지 그의 음성을 듣고 오겠다고 하지 않습니다. 다만

소송 당사자의 말 하나하나에 귀를 기울입니다. 그리고 그들의
이야기를 기준으로 판결을 내립니다. 이 재판은 9절에서
솔로몬이 하나님께 구한 '듣는 심장'이란 사람들의 '송사'를
듣는 것임을 설명합니다.

　여기서 중요한 것은 솔로몬이 재판한 다른 수많은
송사들을 제치고 왜 하필 "창기 두 여자"왕상 3:16의 경우를
'듣는 마음'의 예로 삼았느냐 하는 것입니다.

　지금 21세기에도 소수자minority인 여성의 현실은 고대
이스라엘에서 더욱 열악했습니다. 여성 중에서도 창기들의
목소리는 지금 우리 시대에서도 쉽게 사라지고 흩어집니다.
지금보다 훨씬 가부장적이고 남성우월적인 고대
이스라엘에서, 솔로몬은 창기들의 이야기를 꼼꼼히 듣습니다.
이들 역시도 자신에게 맡겨진 하나님의 백성이기 때문입니다.
사회의 권력구조상 가장 높은 위치에 있는 왕이 피지배계급의
가장 말단에 있는 이들의 소리를 마음 다해 듣는 이 장면은
'듣는 마음'이 어디까지 들어야 하는지, 누구의 소리까지 듣는
마음이어야 하는지를 알려주는 예시입니다.

지혜란 무엇인가

이렇듯 온 마음을 다해 듣는 것이 곧 지혜로운 판결의
비결이었습니다. 그러나 다른 이들의 소리에 귀를 기울이는

것만으로 지혜가 완성되는 것은 아닙니다. 성경이 말하는
지혜에는 '듣는 마음' 그 이상이 필요합니다.

> 주의 종 내 아버지 다윗이 성실과 공의와 정직한 마음으로
> 주와 함께 주 앞에서 행하므로(왕상 3:6).

"성실과 공의와 정직한 마음"은 세 가지 서로 다른 단어로
표현되었지만 모두 하나의 속성, 하나님의 뜻을 알고 그
뜻대로 올곧게 사는 것을 가리킵니다. 무엇이 옳고 그른가에
대한 판단을 하나님의 기준에 맞추는 것을 뜻합니다. 저는
이것을 '수직적인 지혜'라고 부릅니다. 솔로몬의 기도는
하나님의 뜻을 아는 '수직적인 지혜'에 더불어, 백성들의
소리를 '심장으로' 들을 수 있는 '수평적인 지혜'를 달라고
요청하는 기도입니다.
　　수직적인 측면과 수평적인 측면을 함께 갖추어야 비로소
온전해진다는 점은 앞서 살펴본 '샬롬'(온전함)에서도 다루었던
이야기입니다. 지혜 역시도 수직과 수평 두 가지가 함께할 때
온전해집니다. 수직적인 지혜, 곧 하나님의 뜻에 따라 무엇이
옳고 그른지에 대한 가치 기준은 뚜렷하지만 타인에 대한
이해력과 공감 능력이 부족하다면 어떨까요? 또 반대로 남의
이야기에 귀를 기울이는 것은 잘하는 사람이 무엇이 옳고
그른지에 대한 판단력이 부족하다면 또 어떻겠습니까?
수직적인 지혜와 수평적인 지혜, 둘 중 하나만으로는 온전한

지혜를 이룰 수 없습니다. 둘이 함께 있을 때에야 비로소
지혜가 완성됩니다.

하나님께서 솔로몬에게 주신 것은 무엇인가?

솔로몬이 하나님께 '듣는 마음'을 구했던 이야기는 이렇게
끝을 맺습니다.

> 하나님이 솔로몬에게 지혜와 총명을 심히 많이 주시고 또
> 넓은 마음을 주시되 바닷가의 모래같이 하시니(왕상 4:29).

하나님은 솔로몬에게 지혜와 총명을 허락하십니다. 그것도
"심히 많이" 주십니다. 그러나 거기서 끝이 아닙니다. 바다같이
"넓은 마음"(직역: 커다란 심장)이 뒤따라옵니다. 여기서 말하는
바다는 지중해입니다. 하나님은 지중해 해변만큼이나 커다란
크기의 심장을 솔로몬에게 주십니다. 이 구절의
"지혜와 총명"이 하나님의 뜻을 아는 수직적인 지혜를
가리킨다면, "넓은 마음"은 온 백성을 품을 수 있는 수평적인
지혜를 의미합니다.

　이러한 지혜를 받은 솔로몬이 망가지기 시작한 것은 이방
여인과 결혼하지 말라는 하나님의 명령을 듣는 데
실패하면서부터입니다.왕상 11:2 하나님께서 르손이나 여로보암,

선지자 아히야 등을 통해 계속해서 하나님의 뜻을 전하는데도 솔로몬은 그 소리에 귀를 기울이지 못합니다.^{왕상 11:23-40} 하나님의 음성을 듣지 못하는 사람은 주위 사람의 소리도 제대로 듣지 못하게 됩니다. 사람의 소리를 '심장으로' 듣지 못하는 사람은 하나님의 음성을 듣는 데에도 실패하게 됩니다.

커다란 지혜에는 그 지혜를 담을 수 있는 크기의 그릇이 필요합니다. 옳고 그름을 분별하는 수직적인 지혜가 있는 사람일수록 사람들의 이야기를 듣고 그들의 사정을 헤아리는 '커다란 심장' 또한 필요합니다. 자기 자신이나 자녀들을 위해 기도할 때, 솔로몬 같은 지혜와 총명을 달라고 기도하는 분이 많을 것입니다. 부디 여기서 멈추지 않으시기를 바랍니다. 자신의 목소리를 내기 어렵고 겨우 목소리를 내도 들리지 않는 이들의 목소리까지 들을 수 있는 '듣는 심장', 수많은 사람을 품을 수 있는 지중해같이 '커다란 심장'을 함께 달라고 기도하시기를 권면합니다.

לֵב שֹׁמֵעַ 레브 쇼메아

마샬 מָשָׁל

잠언이란 무엇인가?

잠언에 대해 강의할 때면 첫 시간마다 학생들에게 '잠언'
이라는 단어의 뜻을 아는지 묻습니다. 안타깝게도 제대로
대답하는 학생을 지금까지 별로 본 적이 없습니다. 들으면
잠이 오는 말이라고 해서 잠언이라는 우스갯소리도 있습니다.
실제로 잠언을 낭독하는 소리를 듣고 있으면 정말 잠이 잘
오긴 합니다. 몸이 아파 고생하던 유년기에 찾아갔던
한의원에서 침을 맞을 때마다 잠언을 읽어 주었던 것이
떠오릅니다. 잠깐 눈을 붙이던 그 시간이 얼마나 달콤했는지
모릅니다.

잠언을 왜 '잠언'이라 이름했을까?

잠언을 영어로는 'Proverbs'라고 합니다. 이는 라틴어
'proverbia'(프로베르비아), 더 거슬러가면 그리스어 'παροιμία'
(파로이미아)에서 유래했습니다. 'Proverbs'의 유래가 된 이들
단어는 삶의 지혜를 담은 짧은 속담이나 경구, 사람들이
마땅히 따라야 할 공리maxim를 뜻합니다. 한두 문장으로 짧게
압축하여 인생의 단면을 잘 드러내 주는 말이지요.

우리말 '잠언'은 아마도 중국어 성경의 번역을 그대로
가져온 듯합니다. 여기서 '잠'은 '바늘 잠'箴 자입니다.
'바늘로 콕 찌르는 말'이라는 뜻이 되겠습니다. 우리가 나쁜
길에 빠지지 않도록 경계하고 일깨워 준다는 점을 강조한
번역이라고 할 수 있습니다. 강조점이 '교훈'에 있지요.

흥미롭게도 일본어 성경은 잠언을 '지혜의 샘'(知恵の泉)
이라고 번역합니다. 읽는 이로 하여금 하나님의 지혜를 깨닫게
해준다는 것을 표현한 번역입니다.

자세히 들여다보면 이 번역들에는 조금씩 차이점이
있습니다. 잠언이라는 책을 이해하는 방식이 모두 다르다는
뜻입니다. 중국과 우리나라는 잠언을 마치 서당에서 읽는
사서삼경처럼 독자의 양심을 일깨우는 교훈적인 책으로
파악했고, 그리스나 로마는 지혜를 담은 속담 모음집처럼
이해했습니다. 반면에 일본은 읽음으로써 어떤 지혜에 경지의
다다르게 되는 것으로 잠언을 이해하고 있습니다.

히브리어 마샬(מָשָׁל)의 의미

잠언의 히브리어 원어는 '마샬'(מָשָׁל)입니다. 이 단어는
'비슷하다', '닮다', 그리고 '비교하다'라는 의미를 가지고
있습니다. 직접적인 설명이 아니라 은유와 비유로써 사건과
사물을 설명한다는 것입니다. 인간 삶의 원리를 동식물 등
자연현상에 빗대어 설명하듯 말입니다.

　　이 단어가 동사로 쓰이는 경우를 보면 어원적 의미를 더욱
잘 파악할 수 있습니다. "존귀하나 깨닫지 못하는 사람은
멸망하는 짐승 같도다."시 49:20 이 구절에서 "같도다"에
해당하는 동사가 바로 마샬입니다. "주께서 내게 잠잠하시면
내가 무덤에 내려가는 자와 같을까 하나이다."시 28:1 여기서
"같을까" 역시 마샬이 동사로 쓰인 경우입니다. 즉, '이것은
무엇과 같다'라는 비유의 화법을 지칭하는 것이 잠언의 어원인
마샬의 본뜻입니다.

　　성경에서 마샬은 상당히 다양한 의미를 나타냅니다.
개역개정과 개역한글만 들여다보아도 같은 히브리어 단어를
"노래", "예언", "속담", "비사", "비유", "이야기거리" 등으로
다양하게 번역한 것을 알 수 있습니다.

　　민수기 23-24장에서 발람이 말한 것 역시 마샬입니다.
민 23:7, 18, 24:3, 15, 20, 21, 23 개역한글은 마샬을 "노래"로 번역했는데,
개역개정은 이를 "예언"으로 바꾸었습니다. 신명기 28:37에서

하나님께 순종하지 않는 이스라엘 백성들을 다른 민족들의 "놀람과 **속담**과 비방거리"로 만드시겠다고 할 때의 "속담"도 마샬입니다.

이와 비슷한 의미가 열왕기상 9:7에도 등장합니다. "내가 이스라엘을 내가 그들에게 준 땅에서 끊어 버릴 것이요 내 이름을 위하여 내가 거룩하게 구별한 이 성전이라도 내 앞에서 던져버리리니 이스라엘은 모든 민족 가운데에서 **속담거리**와 이야기거리가 될 것이며." 여기서 "속담거리"에 해당하는 원어 또한 마샬입니다.

"욥이 (또) **풍자**하여 이르되"욥 27:1, 29:1에서의 "풍자" 역시 마샬입니다. 개역한글은 같은 구절을 "비사"라고 번역했습니다. '점잖지 못하고 상스럽게 하는 말'이라는 뜻입니다. 또한 "주께서 우리를 뭇 백성 중에 **이야기거리**가 되게 하시며 민족 중에서 머리 흔듦을 당하게 하셨나이다", 시 44:14 "내가 **비유**에 내 귀를 기울이고 수금으로 나의 오묘한 말을 풀리로다"(시 49:4)에서 "이야기거리"와 "비유"로 번역되는 말들도 모두 마샬입니다.

히브리어의 한 단어가 우리말에서 여러 가지 단어로 번역되었다는 것은 곧 우리말에는 히브리어의 '마샬'을 하나의 단어로 번역할 수 있는 말이 없음을 의미합니다. 우리말 번역자들이 얼마나 고심했을지 짐작이 갑니다. 동시에 이것은 한글 성경만 가지고는 성경을 제대로 이해할 수 없다는 것을

나타냅니다. 우리말로는 전혀 다르게 번역되었지만 그 원어는
같은 단어이거나, 우리말 번역 성경에서는 같은 단어로
번역되었지만 원어는 전혀 다른 단어가 쓰인 경우도 아주
흔합니다. 원어를 모르고서는 성경의 의미를 올바르게
파악하기가 어려운 이유입니다.

성경에서 쓰인 '마샬'의 문맥적 의미

마샬의 의미를 이해하려면 위에서 나열한 다양한 용례와
의미를 자세히 살펴보아야 합니다. 마샬은 반드시 짧은 경구의
말을 의미하지는 않습니다. 아주 긴 문장들도 마샬로 표현되어
있으니까요. 옛 선조로부터 내려온 지혜의 말을 뜻하는 경우도
있지만 모두가 그런 의미로 쓰인 것은 아닙니다. 민수기 23-24
장에서 발람의 마샬을 보면 선조의 지혜를 간직한 격언과는
거리가 멉니다.

발람은 마샬로써 자신이 섬기는 모압 왕 발락을 노하게
만들었습니다. 왕은 발람에게 모압의 적국인 이스라엘을
저주해 달라고 합니다. 그러나 발람은 오히려 마샬로써 모압을
저주하고 이스라엘을 축복합니다. 왕이 듣고 싶은 이야기를
해달라고 부탁했더니 오히려 왕의 소망과는 전혀 반대의
이야기를 전한 것입니다. 그러면서 발람은 다음과 같은 말을
덧붙입니다.

여호와께서 내 입에 주신 말씀을 내가 어찌 말하지 아니할
수 있으리이까(민 23:12).

발람은 마샬을 가리켜 하나님께서 주신 말씀이라고 말합니다.
즉, 마샬은 선조들의 지혜의 말씀이나 우리 귀에 듣기 좋은
소리가 아니라 우리가 듣고 싶지 않을 때에도 들어야 하는
하나님의 말씀입니다. 그런 의미에서 바늘로 찌르는 말이라는
뜻의 "잠언"은 마샬의 핵심을 잘 파악한 번역이라 할 수
있겠습니다. 비록 비유나 비교를 나타내는 히브리어 '마샬'의
어원적 의미에서는 거리가 먼 번역이라 할지라도 말입니다.
　　신명기 28:37과 열왕기상 9:7, 그리고 시편 44:14에서
사용된 마샬도 '바늘로 찌르는 듯 날카로운 하나님의 말씀'
이라는 의미와 맥이 닿아 있습니다.

　　여호와께서 너를 끌어 가시는 모든 민족 중에서 네가 놀람과
　　속담(마샬)과 비방거리가 될 것이라(신 28:37).

　　내가 이스라엘을 내가 그들에게 준 땅에서 끊어 버릴 것이요
　　내 이름을 위하여 내가 거룩하게 구별한 이 성전이라도 내
　　앞에서 던져버리리니 이스라엘은 모든 민족 가운데에서
　　속담거리(마샬)와 이야기거리가 될 것이며(왕상 9:7).

　　주께서 우리를 뭇 백성 중에 **이야기거리(마샬)**가 되게 하시며

민족 중에서 머리 흔듦을 당하게 하셨나이다(시 44:14).

이 구절들은 이스라엘 백성들이 하나님께 순종하지 않았을 때 어떤 일이 벌어지는지를 알려 줍니다. 바늘로 찔러 우리를 잠에서 깨어나게 하고 불편하게 하는 하나님의 '마샬'(잠언)을 귀담아듣고 준행하지 않는다면, 하나님은 자신의 백성이라도 다른 이들에게 '마샬'(이야기거리)로 만드셔서 저들처럼 되지 말아야 한다는 이야기가 두고두고 회자되게 하실지 모릅니다.

מָשָׁל 마샬

186

페사흐 פֶּסַח

16세기 유럽 종교개혁의 핵심 정신인 다섯 개의 솔라 sola, 라틴어로 '오직'이라는 뜻 중 첫 번째 솔라는 '솔라 스크립투라', sola scriptura '오직 성경'입니다. 당시의 로마 가톨릭은 성경을 가장 중요한 권위로 인정했지만, 동시에 성경에 기록되지 않은 교회의 전승과 전통도 인정하였습니다. 이것을 '프리마 스크립투라' prima scriptura 라고 합니다. 성경에 가장 중요한 권위를 부여하지만 다른 권위(교회의 전통과 관습)도 존중되어야 한다는 의미였지요. 루터와 같은 개혁가들은 솔라 스크립투라의 정신으로 성경에 기록되지 않은 교황 제도와 사제 제도, 면죄부 등을 거부하며 오늘날의 개신교를 탄생시켰습니다.

　판단의 기준이 성경이라는 것을 반대하는 신앙인은 아마

187

없을 것입니다. 삶에서 마주하는 다양한 상황 앞에서 '성경적인가' 하는 질문으로 점검해 보는 것은 신앙인의 마땅하고 바람직한 자세입니다. 그런데 솔라 스크립투라의 정신을 엄격하게 적용하려면 여러 문제에 부딪히게 됩니다. 성탄절이 '성경적'인가? 새벽기도나 '40일 특별 철야기도', '수능 100일 기도'와 같은 것은 '성경적 순수성'을 훼손하는 혼합주의가 아닌가? 반대로 우리는 왜 하나님의 말씀에 "영원한 규례"로 명시된 유월절이나 초막절을 지키지 않는가? 하는 의문이 생깁니다. 이러다 보니 유월절을 지키려는 움직임도 나타나고, 초막절 기간에 예루살렘으로 가서 이스라엘 국기와 태극기를 양손에 들고 행진하는 사람들까지 생겨나고 있는 실정입니다.

　　이 시간에는 유월절에 대해 이야기를 나눠 보려고 합니다. 유월절을 지켜야 하는가 하는 문제보다 더 중요한 것은 유월절이 가지고 있는 의미를 제대로 아는 것입니다. 하나님은 대체 왜 유월절을 지키라고 하셨던 것일까요? 절기를 지킴으로써 우리가 기억해야 하는 것은 무엇일까요?

유월절(페사흐(פֶּסַח))이라는 단어의 의미

유월절을 뜻하는 히브리어 '페사흐'(פֶּסַח)는 '넘(어가)다' pass over 라는 의미를 지닌 어근 '파사흐'(פָּסַח)에서 파생되었습니다. 이

188

단어의 의미는 출애굽기 12:26-27에 잘 설명되어 있습니다.

이 후에 너희의 자녀가 묻기를 이 예식이 무슨 뜻이냐 하거든
너희는 이르기를 이는 여호와의 유월절 제사라. 여호와께서
애굽 사람에게 재앙을 내리실 때에 애굽에 있는 이스라엘
자손의 집을 **넘으사** 우리의 집을 구원하셨느니라 하라.

성경은 유월절의 의미를 설명하면서 '넘다', '지나가다'라는
뜻을 강조합니다. 재앙이 지나가게 함으로써 이집트에서
난민으로 살던 이스라엘 백성들을 살리신 하나님의 구원
행위가 가장 중요하고 일차적인 의미인 것입니다.

유월절 규례와 그 의미

칠칠절, 초막절과 함께 유대교 3대 절기^{신 16:1-7} 중 하나인
유월절은 성경에 여러 번 묘사되어 나타납니다. 유월절이
처음으로 언급되는 곳은 출애굽기 12장과 13장입니다. 출애굽
이후 두 번째 유월절이 민수기 9장에서 언급됩니다. 그 이후
여호수아 시대,^{수 5:10-12} 솔로몬 시대,^{왕상 9:25} 히스기야 시대,^{대하}
^{30:1-27} 요시아 시대,^{대하 35:1-19} 그리고 바빌론 포로에서 해방되어
다시 성전을 재건하면서 드린 유월절^{스 6:19-22}이 성경에
묘사되어 있습니다.

유월절은 유대력으로 첫째 달(니산월) 15일, 정확히는 14일 해질 무렵에 시작됩니다. 이때 시작된 유월절 절기 행사는 7일간 이어집니다. 현재에도 이스라엘과 개혁 유대인들Reformed Jews은 7일 동안 유월절을 지키고, 정통 유대인들Orthodox Jews과 하시딤 유대인들Hasidic Jews은 8일 동안 유월절을 지킵니다.

유월절을 지키는 예식에 대한 규례는 출애굽기 12장에 자세히 묘사되어 있습니다. 먼저 각 가정에서 모든 사람이 충분히 먹을 수 있도록 어린 양이나 염소를 잡고 출 12:3, 5 그 피를 집 문설주와 인방에 바릅니다. 출 12:7 밤에 고기를 구워 무교병과 쓴 나물과 함께 먹는데, 식구가 적은 경우에는 이웃과도 함께 먹을 수 있었습니다. 출 12:7-8 발효되지 않은 무교병을 먹는 행위는 이집트에서 급히 탈출하느라 반죽을 숙성시킬 시간이 충분하지 않았음을 나타냅니다. 이는 출애굽기 12:39에도 명시되어 있습니다.

그들이 애굽으로부터 가지고 나온 발교되지 못한 반죽으로 무교병을 구웠으니 이는 그들이 애굽에서 쫓겨나므로 지체할 수 없었음이며 아무 양식도 준비하지 못하였음이었더라.

"허리에 띠를 띠고 발에 신을 신고 손에 지팡이를 잡고 급히" 출 12:11 먹어야 한다는 특징적인 유의사항 역시 급박했던 이스라엘 민족의 상황을 상징하는 것으로 볼 수 있습니다.

성경에 명확히 설명되어 있지는 않지만 쓴 나물을 먹는 것
역시 이집트에서의 노예 생활과 앞으로 펼쳐질 광야 생활의
험난함을 의미하는 것으로 추정됩니다.

정리하자면, 유월절 예식의 중심적 의미는 "애굽 사람에게
재앙을 내리실 때에 애굽에 있는 이스라엘 자손의 집을 넘으사
우리의 집을 구원하셨"음을 대대손손 기억하고 기념하게 하기
위함입니다. 출12:27 노예와 난민 상태로 살던 이집트에서
하나님의 기사와 이적을 통해 "준비되지 않은 채로" 급하게
탈출했다는 사실을 기억하는 것이 목적입니다. 출애굽 사건은
이스라엘 백성들이 차근차근 준비한 것이 아니었습니다.
하나님의 주권적인 결단으로 일어난 사건으로 이스라엘
백성들은 미처 빵을 구울 시간조차 없었습니다.

유월절에 참여할 수 있는 대상에 관한 규정

유월절 예식에 모든 사람이 참여할 수 있는 것은
아니었습니다. 출애굽기 12:43-49은 유월절에 참여할 수 있는
대상을 한정하고 있습니다. 기본 원칙은 이렇습니다. 모든
이스라엘 회중은 다 참여해야 하고, 이방인들[벤-네카르
(בֶּן-נֵכָר)]은 참여하지 못합니다. 출12:43 여기서 흥미로운 점은
이방인 중에 유월절 예식에 참여할 수 있는 예외가 있다는
것입니다. 종[에베드(עֶבֶד)]과 난민[게르(גֵּר)]은 할례를 받으면

참여가 가능했습니다.^{출 12:44, 48} 이뿐만 아니라 율법에는
이들이 예식에 참여할 수 있음을 명시하는 내용과 함께
이스라엘 민족("본토인"으로 번역)과 동등하게 대접받는다는
조항이 있습니다.^{출 12:48}

　　같은 이방인이라도 하나님께서 왜 종과 난민을 특별히
여기셨는지가 유월절 규례의 의미를 이해하는 핵심입니다.
이유는 간단합니다. 이스라엘 민족도 이집트에서 노예와
난민이었기 때문입니다. 레위기 19:33-34은 이러한 점을 잘
나타내고 있습니다.

> 거류민(게르)이 너희의 땅에 거류하여 함께 있거든 너희는
> 그를 학대하지 말고 너희와 함께 있는 거류민(게르)을 너희
> 중에서 낳은 자같이 여기며 자기같이 사랑하라. 너희도 애굽
> 땅에서 거류민이 되었었느니라.

유월절을 지키는 의미

이스라엘 사람들은 과거를 향해 있는 과거지향적 관점을
가지고 있었습니다. 그래서 모든 기념일과 예식의 목적도
'기억'에 초점을 두고 있었습니다. 과거의 특정한 사건을
현재에 재현함으로써 자신들의 뿌리가 어디에 있는지, 자신의
정체성이 무엇인지 되돌아보려는 것입니다.

출애굽기 12장의 유월절 예식 규정은 가나안 땅에 정착하고 난 후, 이스라엘 백성들에게도 해당되는 "영원한 규례"입니다. 즉, 약속의 땅에 정착하더라도 '정착 생활'이 이스라엘 백성의 본질이 아님을, 이스라엘의 민족적 정체성은 '난민'(게르)이자 '노예'(에베드)임을 끊임없이 상기시키는 것이 유월절 예식의 목적입니다. 이스라엘 땅에서 더부살이하는 난민들(거류민)을 학대하지 말고 "너희 중에서 낳은 자같이" 여기며 사랑하라는 하나님의 명령레 19:34 은 유월절과 마찬가지로 이스라엘 백성의 정체성이 난민이라는 점을 떠올리게 합니다. 도망치는 사람의 행색을 하고 무교병을 먹는 예식도 남의 땅에 더부살이하던 시절의 어려움을 재연하는 행위입니다. 유월절 절기의 핵심은 "젖과 꿀이 흐르는" 가나안 땅에서의 정착 생활이 아니라 남의 땅에 빌붙어 살던 난민이자 노예 신분이 이스라엘 백성의 본질적인 정체성이라는 것을 후손들이 기억하게 하는 것입니다. 이것을 예식으로서 되풀이하고 되새김질하는 것이 절기의 목적입니다.

가나안은 하나님께서 이스라엘 백성에게 허락하신 땅이지만 이스라엘 백성의 것이 아닙니다. 그 땅은 하나님의 것입니다. 우리 모두는 하나님께 얹혀사는 한날 나그네이며 '난민'일 뿐입니다.레 25:23 유월절은 하나님을 믿는 백성의 신분과 정체성의 핵심이 '난민'이라는 사실을, 우리를 난민 상태에서 건져 주신 것은 전적으로 하나님의 주권적 행위이자 은혜라는 사실을 기억하고 기념하는 절기입니다.

 페사흐

말아크 מַלְאָךְ

설교에 대해 강의할 때면 항상 강조하는 것이 있습니다.
설교자가 성경보다 앞에 서서는 안 된다는 것입니다. 이 말
속에는 설교자 자신이 하고 싶은 말을 하기 위해 성경을
끌어다 쓰지 말라는 속뜻이 담겨 있습니다. 설교자는 성도들을
성경의 세계로 안내하는 역할에 충실해야지, 자신이
돋보이려고 말씀을 이용하면 안 된다고 말입니다. 강의를 할
때마다 이 점을 당부하는 것은 메시지보다 메신저가 앞서는
것만큼 위험한 것이 없기 때문입니다. 하나님의 말씀을 전하는
데 충실한 설교인가, 설교자를 치장하는 데 급급한 설교인가.
사실 이 둘 사이의 경계는 매우 모호합니다. 하지만 설교자
자신만큼은 그 경계를 감각적으로 알고 있고, 또한 잘 알고
있어야 합니다. 그 둘을 구분하는 감각이 둔해지는 때만큼

195

위험한 순간은 없습니다. 그렇기에 이 말은 설교자인 저
스스로에게 하는 다짐이기도 합니다.

말아크(מַלְאָךְ), 어원적 의미와 성경의 용례

'말아크'(מַלְאָךְ)는 성경에서 주로 "사자"使者로 번역됩니다.
사자는 '명령이나 부탁을 받고 심부름하는 사람'을 뜻하는데
히브리어에서도 거의 유사한 의미로 사용됩니다. 말아크의
어근인 '라아크'(לאך)는 '어떤 소식이나 명령을 전하려고
누군가를 보내다' 혹은 '누군가의 명령으로 어떤 일을
수행하다'라는 뜻입니다. 'ἄγγελος'(앙겔로스)는 히브리어
말아크와 같은 의미를 지닌 그리스어로 이 역시 '어떤 소식을
전하러 보냄을 받은 자'라는 뜻을 나타냅니다. 말아크나
앙겔로스 모두 메신저의 역할을 하는 존재들입니다.
　　앙겔로스는 영어 'angel'의 어원이 됩니다. 신약의
앙겔로스가 주로 하나님의 뜻을 전달하는 천상의 존재divine
messenger, angelic being를 의미하는 반면, 구약의 말아크는 보다
넓은 의미로 사용됩니다. 왕이나 주인의 명령을 전달하는
역할을 하는 사람을 뜻하는 경우도 많고 창 32:4, 7, 겔 23:40, 느 6:3,
삼상 23:27, 삼하 11:19 등 하나님의 뜻을 전하는 선지자 학 1:13, 사 44:26,
대하 36:15 나 제사장 말 2:7 을 가리킬 때도 쓰입니다.
　　구약에서 말아크를 "천사"로 번역한 경우들을 꼼꼼히

살펴보면 그 메신저가 사람을 뜻하는지 아니면 어떤 천상적 존재를 의미하는지 명확하게 나타나지 않은 경우가 많습니다. 예를 들어, 소돔과 고모라 사건에 등장하는 두 "천사"창 19:1,15 는 창세기 18장에서는 "사람들"[아나쉼(אֲנָשִׁים)]로 표현됩니다.창 18:2,16

민수기 20:16은 모세를 따르는 이스라엘 백성들의 회고를 "우리가 여호와께 부르짖었더니 우리 소리를 들으시고 **천사**를 보내사"라고 번역했지만 출애굽기에 기록된 '모세의 기적' 이야기에는 천사가 등장하지 않습니다. 하나님께서 말아크를 보내 백성들을 인도하시겠다고 말씀하신 장면이 출애굽기 곳곳에 등장하기는 하지만 출 23:20, 23, 32:34, 33:2 이 말아크가 날개 달린 천사처럼 천상적 존재를 의미하는지, 모세와 같은 하나님의 대언자나 어떤 군사적인 힘을 가진 세력을 의미하는지는 명확히 나타나지 않습니다. 물론 '야곱의 사다리'처럼 말아크가 분명하게 천상의 존재를 가리키는 경우도 있습니다. "꿈에 본즉 사닥다리가 땅 위에 서 있는데 그 꼭대기가 하늘에 닿았고 또 본즉 하나님의 **사자**들이 그 위에서 오르락내리락 하고."창 28:12

하나님과 하나님의 메신저가 구별되지 않는 경우들

말아크가 구약에서 사용되는 경우들을 자세히 살피다 보면 한 가지 특이한 현상을 발견할 수 있습니다. 그것은 바로 하나님 자신과 하나님의 메시지를 전달하는 메신저 사이에 '존재론적 구분'이 명확하지 않다는 것입니다. 하나님의 메신저(말아크)가 말하는 장면에서 그 말 속의 일인칭 주어 '나'가 가리키는 것은 메신저 자신이 아니라 메시지를 말씀하시는 하나님입니다.

창세기 16장은 아브람의 본처 사래에게 학대받아 쫓겨난 이집트 여인 하갈에게 하나님의 사자(말아크)가 나타나는 장면입니다. 하나님의 사자는 하갈에게 이렇게 말합니다.

내가 네 씨를 크게 번성하여 그 수가 많아 셀 수 없게 하리라 (창 16:10).

이 말 속에 담긴 행위의 주체는 하나님이지 말아크가 아닙니다. 하갈 역시 자신이 (하나님이 아닌) 하나님의 사자를 만났다고 말하지 않습니다. 오히려 자신에게 하나님께서 나타나시고 하나님께서 자신을 살피셨다고 고백합니다.

하갈이 자기에게 이르신 여호와의 이름을 나를 살피시는 하나님이라 하였으니 이는 내가 어떻게 여기서 나를 살피시는 **하나님을 뵈었는고** 함이라(창 16:13-14).

창세기 22장에는 아브라함이 아들 이삭을 바치는 유명한 이야기가 나옵니다. 여기에서도 하나님의 사자(말아크)가

나타나서 아들을 제물로 바치려는 아브라함에게 이렇게
말합니다.

> 그 아이에게 네 손을 대지 말라. 그에게 아무 일도 하지
> 말라. 네가 네 아들 네 독자까지도 **내게** 아끼지
> 아니하였으니 **내가** 이제야 네가 하나님을 경외하는 줄을
> 아노라(창 22:12).

이 말 속에 등장하는 '나'는 하나님의 사자일 수 없습니다.
아브라함은 아들 이삭을 하나님의 사자에게 바친 것이 아니라
하나님께 바친 것이기 때문입니다.

메시지와 메신저에 대한 히브리적 사고

이러한 주어, 주체의 혼란은 히브리적 사고를 이해하는 힌트를
줍니다. 이 언어문화 속에서 메시지를 전달하는 메신저가
누구인지는 별로 중요하지 않습니다. 성경은 하나님의
메시지를 전달하는 말아크가 사람인지 천사인지조차 별로
중요하게 다루지 않습니다. 성경은 '하나님의 말씀' 자체에
강조점을 둡니다. 하나님의 말씀을 전달하는 어떤 천상적
존재가 등장할 때에도 성경은 그 존재가 어떻게 생겼는지
설명하는 것에는 전혀 관심을 보이지 않습니다. 중요한 것은

하나님의 말씀이지 그 말씀을 누가, 어떤 존재가 전달했는가는 부차적인 문제이기 때문입니다.

하나님의 말씀을 대언하는 선지자의 경우도 마찬가지입니다. 가장 긴 선지서인 이사야서를 보면, 이사야가 어떤 사람인지에 대해 알려주는 정보는 극히 적습니다. 그가 "유다 왕 웃시야와 요담과 아하스와 히스기야 시대"에 활동했던 사람이며, 그의 아버지 이름이 아모스라는 것,사 1:1 그리고 그에게 아내가 있고 두 아들이 있다는 사실사 7:3, 8:3 외에 성경은 '이사야'라는 사람 자체에 대해서는 크게 관심을 두지 않습니다. 이사야는 단지 하나님의 말씀을 전달하는 말아크일 뿐, 정말 중요한 것은 하나님의 말씀이기 때문입니다. 그 메시지가 반드시 이사야라는 메신저를 거쳐야만 하는 것도 아닙니다. 다른 선지자들도 이사야의 경우와 크게 다르지 않습니다. 예레미야나 에스겔, 아모스, 미가, 하박국이 어떤 사람인지 알려 주는 성경의 정보는 극히 제한적입니다.

물론 하나님께서는 메시지를 전달하는 사람 고유의 개성을 사용하십니다. 각 사람을 모두 다르게 지으셨기 때문입니다. 이사야와 예레미야가 다르고, 아모스와 호세아가 다릅니다. 각 메신저가 갖는 고유한 특성도 하나님의 말씀을 전달하는 도구입니다. 지금 우리가 사는 시대에는 더욱 설교자의 개성이 부각됩니다. 이렇다 보니 메시지보다 메신저가 강조될 위험에 더 크게 노출되어 있는 실정입니다.

그러나 성경의 '히브리적 사고'는 가장 중요한 것이 하나님의 말씀 그 자체라는 사실을 가르쳐 줍니다. 성경이 보여주는 '속살'을 그대로 전달하는 것이 메신저의 역할이고 의무입니다. 메신저가 앞에 나서서 하나님의 말씀을 가리거나 그 말씀을 자기를 드러내는 수단으로 사용해서는 안 되는 이유입니다. 메신저로서의 설교자는 '관광 가이드' 혹은 '여행 안내자'와 같습니다. 하나님의 말씀의 세계로 안내하는 역할을 부여받은 것이지요. 성경이 메신저 자체에 관심을 두지 않는 이유는 이 때문일 것입니다. 메신저는 중요하지 않습니다. 메시지가 핵심입니다. 말씀을 주신 하나님이 주인공이십니다.

מַלְאָךְ 말아크

타마르 תָּמָר

마태복음 1장의 족보 때문에 다말을 이방인으로 알고 계신
분들이 많을 것입니다. 이는 "유다는 다말에게서"^{마 1:3} 라는
표현이 "살몬은 라합에게서"와 "보아스는 룻에게서"^{마 1:5}와
동일한 구조를 취하고 있다는 점에서 비롯한 '착시 현상'으로
보입니다. 라합은 가나안 여인이고 룻은 모압 여인이니 다말도
이방 여인이라 추론하게 되는 것이지요. 그러나 다말이 이방
여인이라는 주장을 뒷받침하는 확실한 근거는 없습니다.
마태복음의 족보에 대해서는 다시 이야기하는 것으로 하고
우선 '다말'이라는 단어에 대해 좀 더 알아보도록 하겠습니다.

203

다말[타마르(תָּמָר)]의 어원적 의미: 대추야자

다말의 히브리어 발음은 '타마르'(תָּמָר)입니다. 히브리어
타마르는 대추야자 date palm 나무를 가리킵니다. 우리말 번역
성경(개역개정과 새번역)에서는 대부분 "종려나무"로
번역되었지만, 사실 이 번역은 현지화, 토착화된 번역이라 할
수 있습니다. 종려나무는 중국과 일본, 동남아 등 주로
동아시아 지역에서 자라는 야자수로, 중동과 북아프리카에서
자라는 대추야자 나무와는 다릅니다.

대추야자 나무는 꽃이 필 때까지는 오히려 비가 오지
않아야 하기에 건조한 기후에 특화된 식물입니다. 이러한
이유로 이스라엘을 포함한 중동 지역과 북아프리카 같은
척박한 지역의 사람들에게 대추야자 나무는 너무나 소중한
나무입니다. 작은 덤불 정도 크기의 식물만이 자라는 지역에
이 정도 커다란 키를 가진 나무가 드문 데다 그늘을 만들기에
충분한 가지와 그 가지가 휠 정도로 풍성히 맺히는 열매까지
'생명나무'라는 별칭이 이보다 더 잘 어울리는 것도 없을
것입니다. 중동 지역에서 대추야자 나무는 '생명나무'라고
불리기도 합니다. 물론 에덴동산의 '생명나무'가 대추야자
나무의 일종인지에 대해서는 알려진 바가 없습니다. 이 나무가
늙어 더 이상 열매를 맺지 못할 때에는 수액을 발산하는데, 이
수액은 술을 담가 마시거나 그대로 마실 수도 있습니다.
그야말로 아낌없이 주는 나무입니다.

대추야자 나무와 대추야자 열매

이 나무의 열매는 우리에게 익숙한 대추와 비슷해서
'대추야자'라고 불립니다. 대추야자에 익숙한 서양인들은
반대로 우리의 대추를 'Chinese date'라고 부릅니다. 동양과
서양이 각각 자신에게 익숙한 것을 기준으로 이름을 붙인다는
사실이 흥미롭습니다. 건조한 기후에 사는 사람들에게
대추야자는 소중한 탄수화물의 공급원입니다. 대추야자
열매는 달아서 설탕 대용으로 사용되며 대추야자로 만든 꿀은
이 지역을 여행할 때 꼭 사오는 명물이지요.

성경에 언급된 타마르

이렇듯 대추야자 나무는 여러모로 소중한 나무이기 때문에
성경에서도 귀하게 여겨집니다. '마라의 쓴 물' 사건 출 15:22-25
은 광야에 마실 물이 없다는 현실에 기반한 이야기입니다.
이스라엘 백성이 고생 끝에 당도한 곳은 12개의 샘과 70
그루의 대추야자 나무(종려나무)가 있는 엘림이었습니다. 출 15:27
요엘 1:12에서는 고대 이스라엘 사람들의 삶을 위해 필수적인
나무들이 열거되는데 포도나무와 무화과나무, 석류나무,
사과나무와 함께 대추야자 나무가 언급됩니다(개역개정은 이
구절에서 타마르를 종려나무가 아닌 "대추나무"로 번역합니다). 시편
92:12은 "의인"을 대추야자 나무에 비유하며, 아가 7:7-8
에서는 아름다운 여인을 이 나무에 빗대어 표현합니다.

206

고대 이스라엘은 여성을 아름다운 식물에 비유하는 것에
익숙했기 때문에 여자 아이에게 타마르라는 이름을 지어 주는
일이 흔했습니다. 지금도 이 지역에는 '타마르' 혹은 '타마라'
등의 이름을 가진 여성들이 많습니다. 성경에도 여러 명의
'다말'이 등장합니다. 유다의 며느리 다말^{창 38장}과 다윗의 딸
다말,^{삼하 13장} 압살롬의 외동딸 다말^{삼하 14장}까지 총 3명입니다.
이 중 유다의 며느리 다말의 외모에 대해서는 성경이 전하는
바가 없지만, 나머지 두 명의 다말의 아름다움은 특별히
성경에 기록될 정도였습니다.

> 다윗의 아들 압살롬에게 아름다운 누이가 있으니 이름은
> 다말이라(삼하 13:1).

> 압살롬이 아들 셋과 딸 하나를 낳았는데 딸의 이름은
> 다말이라 그는 얼굴이 아름다운 여자더라(삼하 14:27).

유다의 며느리 다말

성경사전이나 주석서를 보면 유다의 며느리 다말을 가나안
여인이나 아람 사람으로 정의한 경우가 많은데 대체 무슨
근거로 이런 속설이 생겨났는지 의문입니다. 성경에는 다말의
출신지에 대해 전혀 언급이 없습니다. 마태복음 1장의 족보를

근거로 다말 역시 이방 여인으로 추측할 수 있을지는 모르겠으나 그야말로 추측에 불과합니다.

추측이 가능하다면, 저는 오히려 시아버지 유다와 같은 아브라함(히브리인) 계보일 가능성이 더 높다고 생각합니다. 그렇게 추측하는 이유는 첫째, 유다의 본처 "수아의 딸"과의 대비 때문입니다. 유다의 본처는 단 한 번도 이름이 나오지 않고 "가나안 사람 수아"의 딸로만 언급됩니다. 그에 대한 중요한 사항은 오직 '가나안 출신'이라는 것뿐이지요. 이와는 정반대로 다말은 이름만 나올 뿐 성경은 그의 부모가 누구인지 어느 지역 출신인지 아무런 정보를 제공하지 않습니다. 다말이 이방인임을 강조하고 싶었다면 이에 대해 언급하지 않을 이유가 없습니다.

둘째는 계보의 흐름을 들 수 있습니다. 아브라함과 사라, 이삭과 리브가, 야곱과 레아와 라헬의 계보를 유다와 다말이 따라간다면 다말을 히브리 계열로 이해하는 것이 더욱 적절합니다. 이 계보에서 탈락한 사람들은 이집트 여인 하갈의 아들이자 이집트 여인과 결혼한 이스마엘, 가나안 헷 족속의 딸들과 결혼한 후 이스마엘의 딸과 결혼한 에서, 그리고 이집트 여인과 결혼한 요셉 등입니다. 즉, 이방인과의 혼인은 이스라엘 민족의 정통성이라는 관점에서는 일종의 '결격사유'에 해당하는 듯 보입니다.

만약 유다가 가나안 여인과 혼인한 것이 아무런 문제가 되지 않았다면 아브라함-이삭-야곱의 계보는 가나안 출신수아의 딸이 낳은 막내아들 셀라에게로 이어졌어야 합니다. 하지만 성경은 셀라에 대해서는 침묵하고 다말이 낳은 베레스로 계보를 이어갑니다. 이런 점에서 다말을 이방 사람으로 해석하는 시각은 그다지 설득력이 없습니다. 셀라가 계보에서 탈락한 것은 그에게 가나안의 피가 섞여 있기 때문일 것입니다.

참고로, 탈무드와 같은 유대 문헌은 다말을 이스라엘인으로 이해했습니다. 유대인들은 유다가 후에 다말과 정식으로 결혼했다고 덧붙입니다. 물론 이런 사족은 성경에는 없습니다. 오히려 성경은 유다가 다말과 다시는 성적인 관계를 맺지 않았다(알지 않았다)고 명시하고 있지요.

창 38:26, 개역개정은 "다시는 그를 가까이 하지 아니하였더라"로 해석

한 가지 덧붙이자면, 설령 다말이 아람 사람이라는 가정이 맞다 하더라도 '아람 사람이기 때문에 이방인'이라는 주장은 설득력이 없습니다. 창세기의 "아람 사람"이라는 표현은 이방인을 가리킨다고 보기 어렵습니다. 만약 아람 사람이 이방인이라면, 아람 사람 라반의 누이 리브가와 그의 딸 레아와 라헬도 이방인으로 여겨야 합니다. 이는 친족과의 결혼을 추진하려고 이 지역으로 아들을 보낸 아브라함과 이삭의 시도와 모순됩니다. '나홀의 성'으로 불리는 하란 지역(메소포타미아 북서부)은 '아람 사람'의 본거지로 여겨집니다. 성경은 라반도 아람어를 사용했다고 기록합니다(창 31:47). 즉, 고대 히브리인들에게, 적어도 창세기에서만큼은 "아람 사람"

이라는 표현이 곧 이방인을 일컫는 말은 아니었습니다.

구심력과 원심력: 서로 다른 방향의 움직임

창세기의 계보는 얼핏 '이스라엘 순혈주의'를 강조하는 듯
보입니다. 이스라엘이라는 나라와 민족이 정체성을 형성하는
시기에는 안으로 모여드는 구심점으로서 '이스라엘의 순수한
피'가 중요했을 것입니다. 이 순혈주의 사상에 금이 가기
시작한 것을 우리는 일부 선지서들과 성문서의 룻기 등에서
발견할 수 있습니다. 그리고 본격적으로 신약 시대에 와서는
이 순혈주의 계보의 이야기를 '이방과의 연합'이라는 관점에서
전복적으로 다시 읽기 시작한 것이 아닐까 하는 생각이
듭니다. 특히 구약에는 전혀 언급되어 있지 않은 '살몬과
라합의 결혼' 이야기까지 이 계보 속에 집어넣은 것을 보면
말입니다.

사실 에스라-느헤미야의 '순혈주의' 개혁에 비하자면,
모압 여인 룻이 다윗의 족보에 올라간 것만 해도 엄청난
사건입니다. 그래도 모압은 아브라함의 조카 롯의 후예로서
핏줄로는 같은 셈족으로 아주 가까운 쪽에 속합니다. 그러나
라합은, 만약 마태복음 1:5의 라합이 가나안 정복 전쟁 당시의
가나안 기생 라합이라고 한다면, 이는 순혈주의의 입장에서는
상상조차 할 수 없는 이야기입니다. 가나안 사람들은 셈족이

210

아니라 함족에 속해 있었으니까요. ^{창 9:18-27} 다윗의 핏줄에
이방인이 섞여 있다는 점을 강조한 룻기가 왜 가나안 여인
라합이 보아스의 어머니라는 점을 전혀 언급하지 않았을까요?
아주 이상한 지점입니다. 확실한 것은 구약 전체에서 가나안
기생 라합이 살몬과 결혼하여 보아스를 낳았다는 이야기는
전혀 나오지 않는다는 사실입니다.

  순전히 저의 상상이고 추측입니다만, 저는 제2성전기
시대와 신구약 중간기 시대에 '이방인과의 연합'이라는
관점에서 이스라엘의 지난 역사를 다시 살펴보는 관점이
등장했다고 생각합니다. 안으로 뭉치려는 이스라엘의
순혈주의를 강조하는 한편의 관점(구심력)과 더불어, 그 반대
방향인 밖으로 향하는 원심력적 움직임도 포착됩니다. 그리고
이 둘의 움직임 중에서 신약의 세계는 구심력이 아니라
"땅 끝까지"의 원심력이 주된 방향성이 되었습니다. 그것이
"다윗은 우리야의 아내에게서 솔로몬을 낳고"^{마 1:6}라고 표현한
뒷배경이라 할 수 있겠습니다. 라합과 룻의 경우와 똑같이
'다윗은 밧세바에게서 솔로몬을 낳고'라고 표현하면 됩니다.
그러나 밧세바는 '순수한 이스라엘 사람'^{엘리암의 딸이자 아히도벨의}
^{손녀, 삼하 11:3, 16:23, 23:34}이라서 밧세바를 앞세우지 않고 헷
(히타이트) 족속인 우리야를 앞세워 "우리야의 아내에게서"라고
표현한 것이 아닐까 합니다.
  안으로 모이는 움직임과 밖으로 향하는 움직임 중 어느

것이 옳고 어느 것이 틀린 것은 결코 아닙니다. 어느 개인도,
어느 공동체도 타자와 변별하여 자신의 정체성을 세우는
시기가 반드시 필요하고 또한 동시에 자신이 세운 타인과의
벽을 허물고 자신을 확장해야 할 때도 반드시 필요합니다.
구약은 전체적으로 안으로 뭉치는 경향성이 좀 더 우세하지만
동시에 밖으로 열리고 연합하는 움직임 또한 보입니다. 신약은
반대로 밖으로 향하는 경향이 지배적이지만 또한 안으로
뭉치고 나와 타인 사이의 경계선을 분명히 하려는 움직임도
공존합니다. 경계해야 할 것은 둘 중 어느 하나의 움직임만
옳고 다른 방향은 틀렸다고 정죄하는 태도일 것입니다.
개인으로서 혹은 공동체의 구성원으로서, 각자가 자신의
마음이 움직이는 쪽으로 움직이면 됩니다. 다른 방향으로
움직이는 이들에 대한 인정과 존중을 함께 가지고 말입니다.

תָּמָר 타마르

나가며

광야의 축복

"하늘에 계신 우리 아버지"로 시작하는 예수님께서 가르쳐
주신 기도를 우리는 '주기도문'이라고 부릅니다. 성경에는
하나님께서 직접 가르쳐 주신 축도가 있습니다. 소위 '아론의
축복' 혹은 '제사장의 축복'이라고 불리는 민수기 6:24-26이
그것입니다. "너희는 이스라엘 자손을 위하여 이렇게
축복하라"^{민 6:23}고 주 하나님께서 알려 주신 축도문이니 저는
이것을 '주축도문'이라 부릅니다.

주님께서 네게 복을 주시고 너를 지키시기를 원하며
주님께서 그의 얼굴을 네게 비추사 은혜 베푸시기를 원하며
주님께서 그 얼굴을 네게로 향하여 드사 평강 주시기를
원하노라(민수기 6:24-26, 개역개정의 번역에서 "여호와는"을

"주님께서"로 수정).

참으로 멋진 축도문입니다. 또한 축도를 듣는 이들에게 큰
힘과 위로가 되는 말씀입니다. 우리말 표현이 아름답기는
하지만 히브리어 원문의 의미를 알면 번역으로 미처 다
담아내지 못한 아름다움까지 음미할 수 있습니다. 특별히 이
민수기 6장의 말씀은 제가 힘들어하며 삶의 바닥 같은 곳에서
헤매고 있을 때 저의 영혼을 소생시켜 준 말씀이기도 합니다.
여러분께 이 축복의 말씀을 전하며 『히브리어의 시간』을
마무리하고자 합니다.

주님께서 네게 복을 주시고:
예바레크카 아도나이 (יְבָרֶכְךָ יהוה)

'복을 주다', '축복하다'라는 의미의 어근 '바라크'(ברך)는
'무릎을 꿇다'라는 어원을 가지고 있습니다['바라크(ברך):
복이란 무엇인가' 참조]. "오라, 우리가 굽혀 경배하며 우리를
지으신 여호와 앞에 무릎을 꿇자."시 95:6 여기서 "무릎을 꿇자"
에 해당하는 단어가 바로 바라크입니다. 어원대로라면
'주님께서 당신을 무릎 꿇게 하시기를 원한다'로 번역할 수
있습니다. 히브리어 바라크가 말하는 "복"은 주님 앞에 무릎을
꿇고 엎드리는 우리의 자세에서부터 출발함을 말하고 있지요.

너를 지키시기를 원하며: 베이쉬메레카 (וְיִשְׁמְרֶךָ)

'베이쉬메레카'(וְיִשְׁמְרֶךָ)의 어근 '샤마르'(שמר)의 기본적인 뜻은
'지키다' keep입니다. 우리말에서도 '지키다'라는 표현이 다양한
상황에서 쓰이는 것처럼 이에 해당하는 히브리어 단어에도
여러 가지 쓰임이 있습니다. 누군가를 안전하게 보호하고
지키는 것을 의미하는 한편,삼상 30:23 계명과 율법을 어기지
않고 잘 지키는 것 출 16:28 을 뜻하기도 합니다. 이뿐만 아니라
넘지 말아야 선을 지키도록 막는 의미도 있고,창 3:24 누군가
벗어나지 못하게 막아 두는 것을 뜻할 때도 있습니다.삼하 11:16
주인 보디발의 아내에게 모함을 당한 요셉이 갇혀 있던 감옥을
일컫는 말 역시 샤마르에서 비롯된 '베이트-미쉬마르'
(בֵּית מִשְׁמָר)입니다.창 42:19 죄수를 안전하게 지키고자 감옥에
가두는 것은 물론 아닐 테지요.

"너를 지키시기를 원하며"라는 구문은 위험으로부터
안전하게 지키시는 하나님을 표현하는 동시에, 그분의 뜻을
어기지 않고 잘 지키기를 바라시는 하나님의 소망까지도
표현합니다. 때로 우리를 인생의 감옥 같은 곳에 가두어서라도
넘어서는 안 되는 경계선을 벗어나지 않기를 바라시는
하나님의 마음을 나타내는 중의적인 뜻을 담고 있지요.

216

주님께서 그의 얼굴을 네게 비추사:
야에르 아도나이 파나브 에일레카 (יָאֵר יְהוָה פָּנָיו אֵלֶיךָ)

이 문장의 원문을 직역하면 '주님께서 그분의 얼굴을 당신을 향해 빛나게 하시기를'입니다. 주님의 얼굴에서 빛이 나와서 축복의 대상에게 빛을 비추는 장면입니다. 시편 67:1의 "그의 얼굴 빛을 우리에게 비추사"와 동일한 표현입니다. 하나님의 얼굴에서 나오는 빛이 마치 한줄기 조명처럼 우리를 향해 비추는 것입니다. 참 아름다운 표현입니다. 사망의 음침한 골짜기를 지날 때 앞이 캄캄하여 아무것도 보이지 않는 절망적인 상황에서 하나님께로부터 한줄기 빛이 내려와 우리를 비춰주고 우리가 가야할 길을 보여주시기를 바라는 마음을 나타냅니다.

은혜 베푸시기를 원하며: 비훈넥카 (וַיְחֻנֶּךָּ)

'비훈넥카'(וַיְחֻנֶּךָּ)의 어근 '하난'(חָנַן)은 '불쌍히 여기다', '긍휼히 여기다'라는 의미와 '무상으로', '값없음', '이유 없음'이라는 의미를 내포합니다['헨(חֵן): 은혜의 하나님' 참조]. 이는 하나님께서 주시는 은혜의 속성을 잘 드러냅니다. 하나님의 은혜는 우리가 하나님께 복과 사랑을 받을 자격이 있어서가 아니라 아무런 조건없이, 아무런 대가를 바라지 않고 오직 우리를 불쌍히 여기시는 하나님의 긍휼에서 나오는 것임을 뜻합니다. '값없는' 은혜는 영어의 'priceless'와 비슷한 의미로 쓰여 하나님의 은혜가 '가격을 매길 수 없을 정도로 귀하다'는 것을 의미합니다. 하나님께서 한없이 주시는 값없는 은혜는 그야말로 값을 매길 수 없는 은혜입니다.

주님께서 그 얼굴을 네게로 향하여 드사:
잇사 아도나이 파나브 에일레카 (יִשָּׂא יְהוָה פָּנָיו אֵלֶיךָ)

"(그 얼굴을) 드사"로 번역된 히브리어 동사 '나싸'(נשא)는 기본적으로 '위로 들어 올리다' lift up 라는 뜻입니다. 히브리어에서 '얼굴을 들다'라는 표현은 고개를 들어 앞을 쳐다보는 것을 뜻하는 숙어적 표현입니다만, 문자 그대로 해석하자면 주님께서 자신의 얼굴을 위로 들어올려 우리를 바라보는 장면을 연상할 수 있습니다.

인생의 깊은 어둠 속에서 절망하고 있을 때 제 영혼을 살린 성경구절이 바로 이 문장입니다. 더 이상 추락할 데 없는 인생의 밑바닥에서 위로 고개를 들어도 하나님이 보이지 않고 어디로 가야 할지, 무엇을 해야 할지 모르는 때에 "주님께서 그 얼굴을 네게로 향하여 드사"라는 문장이 제 심장에 박혔습니다. 하나님이 자신의 얼굴을 '위로 들어서' 나를 보시다니, 만약 그렇게 하려면 하나님이 계신 곳은 내

'아래'겠구나, 하는 생각이 저를 사로잡았습니다.

　물론 하나님은 어디에나 계십니다. 우리의 위에도, 옆에도, 주위에도 계시며 우리 안에도, 우리 밖에도 계십니다. 그런데 하나님께서 내 아래에 계실 수도 있다는 생각은 한 번도 해본 적이 없습니다. 인생의 가장 밑바닥에서 하늘을 향해 하나님의 도움을 구해도 하나님께서 듣지 않으시는 것 같아 절망했는데, 그때 하나님은 내 아래에 계셔서 나를 그분의 두 손으로 붙잡아 주시고 계셨던 것은 아니었을까? 이 생각이 오랫동안 저를 괴롭혔던 제 안의 쓴 뿌리를 서서히 어루만지기 시작했습니다. 하늘에 계신 아버지가 우리 위에서 우리를 내려다보고 있다는 신앙고백만큼이나, 인생의 밑바닥을 기어가고 있는 우리 아래에서 하나님이 우리를 위로 올려다보며 지켜 보호해 주고 계시다는 인식은 우리를 안도하게 합니다.

평강 주시기를 원하노라: 베야셈 레카 샬롬 (וְיָשֵׂם לְךָ שָׁלוֹם)

"평강"으로 번역된 단어는 잘 알려진 히브리어 단어 '샬롬'(שָׁלוֹם)입니다. 샬롬은 평강이나 평화보다는 온전함을 뜻하는 말입니다['샬롬(שָׁלוֹם): 당신의 온전함은 무엇입니까' 참조]. 따라서 축도문을 마무리하는 이 구절은 온전함의 회복을 말한다고 볼 수 있습니다. 하나님과의 수직적인 관계, 주변

사람과의 수평적인 관계가 깨어져서 결국 자기자신과의
관계까지도 깨어진 이들에게 온전함의 회복이 있기를
기원합니다. 바로 이 수직적이고 수평적인 관계의 온전한
회복이 민수기 6장 '주축도문'의 최종 목적이라 할 수
있습니다. 그 힘들고 괴로운 모든 삶의 과정을 통해
하나님께서 진정으로 바라시는 것은, 우리를 창조하신 그
본래의 온전한 모습으로 우리를 회복시키려는 것입니다.

광야의 축복

하나님의 백성을 축복하고 위로하는 이 말씀이 주어진 때는
이스라엘 백성들이 광야 생활에 돌입한 지 겨우 2년이 되던
때였습니다. "이스라엘 자손이 애굽 땅에서 나온 후 둘째 해
둘째 달 첫째 날에 여호와께서 시내 광야 회막에서 모세에게
말씀하여 이르시되."민 1:1 광야의 삶을 마무리할 무렵에,
앞으로는 "젖과 꿀이 흐르는 땅"에서 편안하게 먹고 누리며
살라고 주시는 말씀이 아니었습니다. 물론 이 말씀을 처음
받은 사람들 중 광야 생활이 38년이나 남아 있으리라고
예측한 사람은 아마 아무도 없었을 것입니다.

　이집트를 빠져나온 이스라엘 백성이 40년간 머물렀던
광야는 돌밭이었습니다. 걷다 보면 발바닥과 무릎이 서서히
망가지는 길로, 결코 걷기 편한 길이 아니었습니다.

220

© 김동문

시나이반도의 광야

식물이라고는 가끔 가다 보이는 작은 덤불뿐입니다. 먹을 것과 마실 물을 찾기 어려운 곳입니다. 이스라엘 백성에게 광야는 곧 삶이었습니다. 관광버스를 타고 와서 한두 시간 머물며 기도하고 묵상하다 다시 호텔로 돌아갈 수 있는 체험이나 여행과는 차원이 달랐습니다. 이런 곳에서 일주일, 한 달, 일 년, 십 년, 40년을 살아야 했지요. 연락 수단은 고사하고 어디 한 군데 전화할 곳조차 없는 곳입니다. 이런 곳에 치안이 보장되어 있을 리 만무합니다. 사람을 믿을 수가 없지요. 저 멀리 누군가 다가오는데 그 사람이 나를 그냥 스쳐 지나갈 사람인지, 나에게 물이라도 한 모금 건네줄 사람인지, 아니면 나를 해치고 내 것을 빼앗을 사람인지 도무지 알 수 없는 곳입니다. 그가 나를 해친다 해도 어디 신고할 데도 없고, 믿고 의지할 데라곤 하나님밖에 없습니다. 그렇기에 광야는 사람은 작아지고 하나님은 커지는 곳입니다.

광야 인생이 무려 40년간 지속된다 하더라도, 그 끝이 언제인지 미리 알았다면 견디기가 훨씬 쉬웠을 것입니다. 언제 끝날지 가늠할 수 없는 고통이 가장 힘듭니다. 끝 모를 심연을 헤매는 듯한 기분이었을지 모릅니다.

날카로운 바람을 헤치고 걷다 두 다리에 힘이 풀려 무릎이 꺾입니다. 고개를 들 힘조차 없이 땅바닥에 고꾸라져 버립니다. 무릎이 꺾이는 순간, 그때 시선은 감히 눈을 들어 위를 올려다볼 힘조차, 그럴 엄두조차 나지 않고 바닥을 향해 있습니다. 그런데 무릎을 꿇은 그 지점이 바로 "광야의 축복"이

시작되는 순간입니다. 제 삶을 통해 해석한 민수기
6장의 말씀으로 여러분을 축복하며 이 책을 마무리하고자
합니다.

나는 당신의 삶이
주님 앞에 무릎 꿇는 삶이 되기를 간절히 원합니다.
하나님께서 당신을 안전하게 지켜주시기를 원합니다.
때로는 혼내고 가두어서라도
하나님의 뜻에 맞지 않는 길로 가지 않도록
막아 주시기를 원합니다.
당신이 가야 할 바를 알지 못할 때
하나님께서 그분의 얼굴에서 나온 그 환한 빛으로
당신의 앞길을 비춰 주시기를 원합니다.
값을 매길 수 없는 하나님의 그 크신 사랑을
아무런 대가 없이 아무런 조건 없이
당신께 베풀어 주시기를 원합니다.
당신이 막막하기 그지없는 저 광야 같은 인생의 밑바닥에
쓰러져 신음하고 있을 때
그 아래에 계셔서 당신을 떠받치고 계시는
하나님을 발견할 수 있기를 원합니다.
그리하여 당신을 창조하신 본래의 모습으로
하나님께서 당신을 온전히 회복시켜 주시기를
간절히 원합니다.

이 축복이 광야 같은 인생길을 걸어가는 당신에게 함께하기를
주님의 이름으로 축원합니다.

> 그들은 이같이 내 이름으로 이스라엘 자손에게 축복할지니
> 내가 그들에게 복을 주리라(민 6:27).

아멘.